国家卫生和计划生育委员会"十二五"规划教

湖北省高职高专院校规划教材配套教材

供护理、助产专业用

妇产科护理实训指导

主 编 耿 力 雷 蕴

副主编 张艳艳 徐元屏 田小琼

编 者 （以姓氏笔画为序）

万盈璐（华中科技大学同济医学院附属协和医院）

田小琼（仙桃职业学院）

白 蓉（武汉市中心医院）

张 红（黄冈职业技术学院）

张艳艳（武汉铁路职业技术学院）

张家菊（随州职业技术学院）

耿 力（华中科技大学同济医学院附属协和医院）

徐 蓉（荆州职业技术学院）

徐元屏（湖北中医药高等专科学校）

程 琳（江汉大学附属医院）（兼秘书）

雷 蕴（江汉大学护理与医院技术学院）

人民卫生出版社

图书在版编目（CIP）数据

妇产科护理实训指导/耿力,雷蕴主编.—北京:人民卫生
出版社,2015

ISBN 978-7-117-20948-9

Ⅰ.①妇…　Ⅱ.①耿…②雷…　Ⅲ.①妇产科学-护理学-
高等职业教育-教材　Ⅳ.①R473.71

中国版本图书馆 CIP 数据核字（2015）第 237225 号

人卫社官网　**www.pmph.com**		出版物查询，在线购书
人卫医学网　**www.ipmph.com**		医学考试辅导，医学数据库服务，医学教育资源，大众健康资讯

妇产科护理实训指导

主　　编：耿　力　雷　蕴
出版发行：人民卫生出版社（中继线 010-59780011）
地　　址：北京市朝阳区潘家园南里 19 号
邮　　编：100021
E - mail：pmph @ pmph.com
购书热线：010-59787592　010-59787584　010-65264830
印　　刷：北京中新伟业印刷有限公司
经　　销：新华书店
开　　本：787×1092　1/16　印张：8
字　　数：195 千字
版　　次：2015 年 12 月第 1 版　2015 年 12 月第 1 版第 1 次印刷
标准书号：ISBN 978-7-117-20948-9/R·20949
定　　价：18.00 元

打击盗版举报电话：010-59787491　E-mail：WQ @ pmph.com
（凡属印装质量问题请与本社市场营销中心联系退换）

前　言

　　《妇产科护理实训指导》是为推动湖北省卫生职业院校护理类专业教育的发展,提高教育质量,注重临床实践综合能力培养,特组织湖北省高职高专院校、知名医院等一批具有丰富教学、临床护理工作经验的专家、教师共同编写。

　　本教材是湖北省高职高专院校规划教材《妇产科护理》的配套教材,内容编排与主教材呼应,以护士执业资格考试大纲中妇产科护理的相关要求为准绳,以建立"以人为本"的理念,为病人提供优质护理为主要目的,着重学生的综合素质、临床实践能力、职业行为规范的塑造和培养。

　　全书共包含 14 个护理实训指导,内容包含学习目标、护理评估、护理措施、健康教育、注意事项、实训评价、练习题等。学习目标让学生了解本章节需要掌握的学习内容。护理评估和实训评价则要求学生在操作前和操作后对病人的心理、生理、现场状况进行全方位的了解。护理措施体现了临床实用性,编排了各种妇产科常见的操作技术,如:腹部触诊、胎心听诊、骨盆外测量、新生儿沐浴、新生儿抚触、胎头吸引术、产钳助产术、臀位助产术、双合诊、三合诊的检查及窥阴器使用、宫内节育器放置、取出术、人工流产术、会阴擦洗、阴道灌洗、会阴湿热敷、阴道及宫颈上药、坐浴等。多数操作有操作步骤及评分标准,方便教师对学生进行考核及为学生的自我考核提供依据,也使我们教材具有创新性和可操作性。同时,章节的内容涵盖女性生殖系统解剖、女大学生月经现状调查、异常妊娠的护理风险及处理、产后出血产妇的救护配合、诊断性刮宫、阴道后穹隆穿刺、腹腔镜检查的护理配合、腹部手术病人的护理等,充分体现了本教材强化实践、贴近临床、方便教学的基本原则。

　　每章节后附有供学生复习思考的练习题,均符合执业护士考试的知识点和题型的要求,将问题与临床紧密贴合,其中案例题将临床妇产科护理知识应用到具体的病例,注重于学生实践能力的培养,对学生今后实习和工作有一定指导意义。

　　本教材在编写过程中得到了参编院校的大力支持,参编的相关著作也为本教材增色不少,在此一并表示衷心的感谢!

　　本教材由于受编者的水平和能力所限,难免存在错误与不妥之处,敬请广大师生和读者不吝赐教,惠与指正,以便再版时进一步修正和完善。

耿　力　雷　蕴

2015 年 11 月

目　录

女性生殖系统解剖

【学习目标】

1. 能指出骨盆的组成、分界、骨盆各平面的径线并测量其大小。
2. 能说出女性内、外生殖器官的解剖组成。
3. 能描述子宫的解剖特点,能指出子宫韧带的名称并说出其功能。
4. 能说出女性生殖器官与邻近器官的关系。

【学习内容】

老师先讲解,学生分组观察骨盆模型或标本,并用骨盆测量器测量骨盆各径线,然后抽考学生。

(一)指出骨盆的组成、分界、骨盆各平面的径线并测量其大小

1. **骨盆的组成**　骨盆由一块骶骨、一块尾骨及左右两块髋骨组成,通过耻骨联合、骶髂关节和骶尾关节相连接。

2. **骨盆的分界**　以耻骨联合上缘、髂耻缘及骶岬上缘的连线为界,将骨盆分为假骨盆和真骨盆两部分。

3. **骨盆平面和径线**

(1)骨盆入口平面:为骨盆腔上口,呈横椭圆形,有4条径线。

1)入口前后径:又称真结合径。耻骨联合上缘中点至骶岬上缘正中间的距离,正常值平均11cm,其长短与分娩关系密切,是入口平面的重要径线。

2)入口横径:左右髂耻缘间的最大距离,正常值平均13cm。

3)入口斜径:左右各一。左侧骶髂关节至右侧髂耻隆突间的距离为左斜径;右骶髂关节至左髂耻隆突间的距离为右斜径,正常值平均12.75cm。

(2)中骨盆平面:为骨盆最小平面,呈前后径长的纵椭圆形。有2条径线。

1)中骨盆前后径:耻骨联合下缘中点通过两侧坐骨棘连线中点至骶骨下端间的距离,正常值平均11.5cm。

2)中骨盆横径:也称坐骨棘间径。指两坐骨棘间的距离,正常值平均10cm,其长短与分娩密切相关,是中骨盆平面的重要径线。

(3)骨盆出口平面:为骨盆腔下口,由两个不在同一平面的三角形所组成。有4条径线。

1)出口前后径:耻骨联合下缘至骶尾关节间的距离,正常值平均11.5cm。

2)出口横径:也称坐骨结节间径。指两坐骨结节内侧缘之间的距离,正常值平均9cm,

其长短与分娩关系密切,是出口平面的重要径线。

　　3)出口前矢状径:耻骨联合下缘中点至坐骨结节间径中点间的距离,正常值平均6cm。

　　4)出口后矢状径:骶尾关节至坐骨结节间径中点间的距离,正常值平均8.5cm。若出口横径稍短,与出口后矢状径之和 >15cm 时,正常大小的胎头可通过后三角区经阴道娩出。

　　（二）说出女性内、外生殖器官的解剖组成

　　1. 女性内生殖器的组成　包括阴道、子宫、输卵管及卵巢,输卵管和卵巢合称子宫附件。

　　2. 女性外生殖器的组成　包括阴阜、大阴唇、小阴唇、阴蒂、阴道前庭。

　　（三）描述子宫的解剖特点,指出子宫韧带的名称并说出其功能

　　1. 子宫的解剖特点　成人非孕时子宫长 7～8cm,宽 4～5cm,厚 2～3cm。宫腔容量约为5ml,重约50g。子宫由子宫体和子宫颈组成,在子宫体与子宫颈之间最狭窄部分,称子宫峡部,在非孕期长约1cm。子宫颈以阴道为界,分为上下两部,上部为子宫颈阴道上部,下部伸入阴道内,称宫颈阴道部。

　　2. 子宫韧带　子宫有 4 对韧带。韧带与骨盆底肌肉和筋膜共同维持子宫的正常位置。

　　（1）圆韧带:其作用是维持子宫呈前倾位置。

　　（2）阔韧带:维持子宫在盆腔的正中位置。

　　（3）主韧带:作用是固定宫颈位置,防止子宫下垂的主要韧带。

　　（4）宫骶韧带:间接地保持子宫前倾位置。

　　（四）说出女性生殖器官与邻近器官的关系

　　邻近器官包括尿道、膀胱、输尿管、直肠和阑尾,虽然不属于生殖器官,但同在盆腔且位置相邻,其血管、神经、淋巴之间也有相互联系,生殖器官的损伤、感染易波及邻近器官。同样,邻近器官的疾病或生理改变也会影响生殖器官。

【实训评价】

1. 能指出骨盆的组成、分界、骨盆各平面的径线并测量其大小。

2. 能说出女性内、外生殖器官的解剖组成。

3. 能描述子宫的解剖特点,能指出子宫韧带的名称并说出其功能。

练 习 题

A1 型题

1. 关于骨盆的组成,下列说法正确的是

A. 两块耻骨,一块尾骨,一块骶骨　　　　　B. 两块坐骨,一块尾骨,一块骶骨

C. 两块髋骨,一块尾骨,一块骶骨　　　　　D. 两块尾骨,一块髋骨,一块骶骨

E. 两块耻骨,两块坐骨,一块尾骨

2. 从骶尾骨到坐骨棘之间的韧带是

A. 主韧带　　　　　　　B. 子宫骶骨韧带　　　　　　C. 骨盆漏斗韧带

D. 骶结节韧带　　　　　E. 骶棘韧带

3. 真骨盆的主要标记,**不包括**下列选项中的

A. 骶岬　　　　　　　　B. 坐骨棘　　　　　　　　　C. 耻骨弓

D. 髂骨   E. 耻尾肌

4. 正常骨盆的形状是

A. 骨盆的入口平面和中骨盆平面呈横椭圆形,出口平面呈纵椭圆形

B. 骨盆的入口平面和出口平面呈纵椭圆形,中骨盆平面呈横椭圆形

C. 骨盆的入口平面和中骨盆平面呈纵椭圆形,出口平面呈两个不同平面的三角形

D. 骨盆的入口平面呈横椭圆形,中骨盆平面呈纵椭圆形,出口平面呈两个不同平面的三角形

E. 骨盆的入口及出口平面呈横椭圆形,中骨盆平面呈纵椭圆形

5. 女性正常骨盆入口前后径平均值为

A. 8cm   B. 9cm   C. 10cm

D. 11cm   E. 12cm

6. 坐骨棘间径正常值是

A. 13cm   B. 2cm   C. 11cm

D. 10cm   E. 15cm

7. 下列关于前庭大腺的描述中错误的是

A. 如黄豆大小   B. 能分泌黏液滑润阴道口

C. 属于女性性腺   D. 位于大阴唇后部,阴道口两侧

E. 可形成脓肿或囊肿

8. 由子宫颈到盆腔壁两侧的韧带是

A. 圆韧带   B. 骨盆漏斗韧带   C. 主韧带

D. 子宫骶骨韧带   E. 阔韧带

9. 未生育过的成年妇女,其子宫大小、子宫腔容积分别为

A. 7cm×5cm×3cm,10ml   B. 8cm×6cm×4cm,10ml

C. 7cm×5cm×3cm,5ml   D. 5cm×4cm×2cm,5ml

E. 7cm×3cm×3cm,10ml

10. 关于非孕期成人正常子宫,下列说法错误的是

A. 子宫长 7~8cm

B. 子宫体位于骨盆腔中央,坐骨棘水平以下

C. 子宫容积约 5ml

D. 宫颈宫体相连处称为峡部

E. 峡部长约 1cm

11. 成人宫体与宫颈之比是

A. 2:1   B. 3:1   C. 1:1

D. 1:2   E. 1:3

12. 子宫峡部的上界为

A. 组织学内口   B. 解剖学内口   C. 解剖学外口

D. 组织学外口   E. 宫颈管

13. 子宫峡部的下界为

A. 组织学内口   B. 解剖学内口   C. 解剖学外口

D. 组织学外口　　　　　　　　E. 宫颈管

14. 维持子宫颈位置的重要韧带是

A. 圆韧带　　　　　　　B. 阔韧带　　　　　　　C. 主韧带

D. 宫骶韧带　　　　　　E. 圆韧带和阔韧带

15. 维持子宫于正常位置,主要依靠

A. 子宫韧带　　　　　　　　　　B. 子宫韧带及盆底组织支托

C. 腹肌收缩力和膈肌收缩力　　　D. 膀胱、直肠支托

E. 真骨盆

A2 型题

18 岁女学生,骑自行车与三轮车相撞,自觉外阴疼痛难忍并肿胀就诊。根据女性外阴解剖学的特点,可能发生的是

A. 小阴唇裂伤　　　　　　B. 大阴唇血肿　　　　　　C. 阴道前庭损伤

D. 前庭大腺肿大及出血　　E. 阴阜裂伤

（田小琼　耿　力）

实训二

月经现状调查分析

【学习目标】

1. 熟悉月经的生理知识。
2. 熟悉经期保健知识。
3. 能对女性实施经期健康指导。
4. 能对女性月经进行正确调查分析。
5. 培养学生分析问题解决问题的能力。

【护理评估】

1. 评估调查对象的月经初潮、月经周期、月经经期、月经量及有无伴随症状。
2. 评估调查对象对月经生理知识及经期保健知识了解的程度。

【护理措施】

1. **正确认知月经**   月经是指随卵巢周期性变化而出现的子宫内膜周期性脱落及出血。规律月经的出现是生殖功能成熟的标志之一,月经是一种正常的生理现象。生平第一次月经称为月经初潮,初潮年龄为 11~18 岁,多在 13~14 岁之间,可受遗传、气候、营养、环境等因素的影响。出血的第 1 日为月经周期的开始,两次月经第 1 天的间隔时间称为一个月经周期。一般为 28~30 天,提前或延后 3 天左右均为正常。一次月经持续时间称为经期,一般为 2~7 日,多为 3~5 日。一次月经的总量为经量,一般为 30~50ml。多数妇女月经期无特殊症状,有些妇女出现下腹部及腰骶部下坠不适或头痛、易激动、恶心、消化功能紊乱等。

2. **注意月经期保健**

(1)精神放松:避免精神过度紧张,保持愉快轻松的心态。

(2)保持外阴清洁:经期注意保持外阴清洁,每日清洗外阴,勤换清洁卫生巾和内裤。清洁用品专人专用,清洗外阴洁具与清洗其他部位的洁具分开。

(3)学会观察月经:正常月经是女性健康的标志之一,月经异常是妇科乃至全身性疾病的反应。因此,应指导女性观察月经周期、经期、经量、性状的变化,养成记住自己月经周期的好习惯,及时发现异常、及时就医。

(4)月经期五个禁止:月经期为了预防感染应做到五个禁止:禁止阴道冲洗和上药、禁止坐浴、禁止游泳、禁止性生活、禁止不必要妇科检查。

(5)月经期五个注意:为了减轻经期的不适,应注意保暖,注意营养,注意多饮水,注意劳逸结合,注意保持充足睡眠。

(6)月经期五个避免:避免淋雨、避免冷浴、避免盆浴、避免冷饮、避免辛辣刺激食物。

3. 操作步骤及评分标准

操作程序	考核及评分标准	标分	得分	备注
发放调查表	发放调查表100份	5		1. 每组5~10人,分工合作。 2. 每组调查女大学生100名(每组调查对象与其他组调查对象不得重复)。 3. 按调查的内容进行统计分析。 4. 课余时间完成调研报告,2个星期内上交。
收集调查表	收回调查表90~100份	5		
统计	调查对象的基本资料	5		
	调查对象的生活习惯	5		
	调查对象的月经情况	5		
	调查对象的经期保健情况	5		
分析	调查对象的基本情况与月经的关系	10		
	调查对象的生活习惯与月经的关系	10		
	调查对象的月经情况分析	10		
	调查对象的经期保健情况分析	10		
调查报告	完成调查报告	30		
总评得分		100		

【健康教育和注意事项】

1. 注意经期卫生,养成良好的卫生习惯。
2. 保持心情舒畅,消除心理障碍。
3. 注意保暖,劳逸结合。
4. 合理饮食,加强营养。

【实训评价】

1. 学生对月经的生理知识和经期的保健知识很熟悉。
2. 学生对服务对象能进行经期的健康指导。
3. 在健康指导过程中具有良好的沟通能力。
4. 具有团队协作精神,能共同完成调研报告。

附表 对大学生月经现状进行调查

一、基本资料

1. 请问你的年龄

☐16岁   ☐17岁   ☐18岁   ☐19岁   ☐20岁   ☐21岁

☐22岁   ☐23岁   ☐其他(请注明)

2. 请问你的专业

□A. 医学类　　　　　　　　□B. 非医学类

3. 请问你来自于

□A. 县级以上的城市　　　　□B. 乡镇　　　　　　□C. 农村

4. 母亲年轻是否有痛经史

□A. 有　　　　　　　　　　□B. 无

5. 你平时的性格

□A. 活泼开朗　　　　　　　□B. 沉静内向　　　　□C. 急躁易怒

□D. 郁郁寡欢　　　　　　　□E. 其他

6. 平时压力感受

□A. 无压力　　　　　　　　　□B. 压力很小

□C. 压力较大,可以承受　　　□D. 压力很大

7. 曾经是否有节食减肥过

□A. 是,吃过减肥药　　　　　□B. 是,但没吃过减肥药　□C. 否

二、生活习惯

8. 平时饮食是否规律

□A. 规律　　　　　　　　　□B. 不规律　　　　　□C. 很规律

9. 吃早餐情况

□A. 每天吃　　　　　　　　　□B. 有时吃有时不吃

□C. 偶尔吃　　　　　　　　　□D. 不吃

10. 平时吃生冷辛辣刺激性食物的情况

□A. 经常吃　　　　　　　　□B. 偶尔吃　　　　　□C. 不吃

11. 平时是否偏食

□A. 偏爱素食　　　　　　　□B. 偏爱肉食　　　　□C. 不偏食

12. 平时是否喜欢洗冷水澡

□A. 经常　　　　　　　　　□B. 偶尔　　　　　　□C. 从不

13. 平时睡眠

□A. 充足　　　　　　　　　□B. 一般　　　　　　□C. 较差

14. 平时体育锻炼

□A. 经常(3 次/周)　　　　　□B. 有时(≥1 次/周, <3 次/周)

□C. 很少(<1 次/周)

三、月经情况

15. 请问你的第一次来月经(初潮)的年龄

□9 岁　　　□10 岁　　　□11 岁　　　□12 岁　　　□13 岁

□14 岁　　　□15 岁　　　□16 岁　　　□17 岁　　　□18 岁

其他(请注明)

16. 初潮后多长时间月经变得较规律

□月经来潮后就比较规律　　□半年后变得比较规律　　□1 年后变得比较规律

□两年后变得比较规律　　　□三年后变得比较规律　　□有时规律有时不规律

□一直都不规律　　　　　　　□其他

17. 你月经周期(两次月经第一天间隔的天数)的时间是

□A. 小于 21 天　　　　　　　□B. 21～35 天

□C. 大于 35 天　　　　　　　□D. 不规律

18. 你的月经持续天数是

□A. ≤2 天　　　　　　　　　□B. 3～7 天

□C. ≥7 天　　　　　　　　　□D. 不规律

19. 每次来月经,你所用的卫生巾的数量是

□A. 少于 5 片　　　　　　　□B. 6～20 片

□C. 达到或超过 20 片　　　　□D. 无规律

20. 你经血的血质

□A. 黏稠　　　　　　　　　　□B. 一般

21. 你的经血颜色为

□A. 暗红　　　　　　　　　　□B. 鲜红

□C. 淡红　　　　　　　　　　□D. 酱红

22. 你的月经血中血块的特点

□A. 大　　　　　□B. 小　　　　　□C. 无血块

23. 你的痛经发生情况

□A. 每次都会　　　　　　　　□B. 经常(≥6 次/年)

□C. 偶尔(<6 次/年)　　　　　□D. 无痛经

24. 你痛经的严重程度如何(有痛经者填)

□A. 轻度　　　　　　　　　　□B. 重度

25. 你开始出现痛经状况的时间是(有痛经者填)

□A. 月经初潮时　　　□B. 月经来潮后 1～2 年　□C. 月经来潮 3 年以后

26. 你痛经的症状表现为(有痛经者填)

□A. 绞痛　　　　　　□B. 胀痛　　　　　　□C. 隐痛

□D. 坠痛　　　　　　□E. 跳痛

27. 发生痛经时,你是如何处理的

□A. 什么都不做,挨过去就好了　　□B. 吃一些止痛药

□C. 热敷下腹部、多喝热饮料　　　□D. 转移注意力

□E. 其他(请注明)

28. 在月经期你会有下列哪些症状(多选)

□A. 腰酸背痛　　　　□B. 肌肉痛　　　　　□C. 腹部肿胀

□D. 乳房胀痛　　　　□E. 乳房压痛　　　　□F. 疲倦嗜睡

□G. 睡眠差　　　　　□H. 全身乏力　　　　□I. 恶心

□J. 腹泻　　　　　　□K. 消化不良　　　　□L. 便秘

□M. 怕冷

29. 在月经期你会有下列哪些心理反应(多选)

□A. 焦虑　　　　　　□B. 学习兴趣降低　　□C. 紧张不安

□D. 注意力下降　　　　　　□E. 沮丧　　　　　　□F. 易怒易躁

□G. 学习自信心下降　　　　□H. 记忆力下降

30. 是否因月经病就医

□A. 是　　　　　　　　　　□B. 否

四、经期保健

31. 在经期吃早餐的频率

□A. 从不　　　　　　　　　□B. 偶尔

□C. 经常　　　　　　　　　□D. 每天

32. 在经期吃生冷辛辣食物情况

□A. 从不　　　　　　　　　□B. 偶尔

□C. 经常　　　　　　　　　□D. 每天

33. 经期是否喜饮浓茶或咖啡

□A. 是　　　　　　　　　　□B. 否

34. 在经期或后期会有意识的多食蛋白质丰富的食物

□A. 是　　　　　　　　　　□B. 否

35. 在经期或后期会有意识的服用维生素补充剂

□A. 是　　　　　　　　　　□B. 否

36. 经期饮食是否会特意吃清淡饮食

□A. 是　　　　　　　　　　□B. 否

37. 经期用凉水洗漱情况

□A. 从不　　　　　　　　　□B. 偶尔

□C. 经常　　　　　　　　　□D. 每天

38. 经期局部卫生习惯

□A. 每天清洗　　　　　　　□B. 2~3天洗一次

□C. 4~6天洗一次　　　　　□D. 6天以上洗一次

39. 经期是否特别注意休息

□A. 是　　　　　　　　　　□B. 否

40. 你认为经期能参加剧烈运动吗

□A. 能　　　　　　　　　　□B. 不能

41. 你认为经期能参加一般的文艺体育活动吗

□A. 能　　　　　　　　　　□B. 不能

42. 你认为经期能坐浴吗

□A. 能　　　　　　　　　　□B. 不能

43. 你认为经期能游泳吗

□A. 能　　　　　　　　　　□B. 不能

44. 你认为经期能发生性生活吗

□A. 能　　　　　　　　　　□B. 不能

45. 你认为经期能行妇科检查吗

□A. 能　　　　　　　　　　□B. 不能

46. 经期爱用热水泡脚/用热水袋敷下腹/喝热水等保暖情况

□A. 从不 □B. 偶尔

□C. 经常 □D. 每天

47. 经期是否注意保暖

□A. 注意 □B. 没注意

48. 对月经生理掌握的情况

□A. 基本了解 □B. 了解得很少 □C. 不了解

49. 掌握月经生理知识的途径

□A. 朋友、家人 □B. 书籍 □C. 网络

□D. 医生 □E. 学校教育

50. 你认为月经在多大的程度上影响了你的生活

□A. 严重影响 □B. 有些影响,不是很严重

□C. 几乎无影响

练 习 题

A1 型题

1. 关于雌激素的作用,下列说法正确的是

A. 促进水钠排泄

B. 抑制输卵管蠕动

C. 使阴道上皮角化现象消失

D. 使宫颈粘液分泌增多而稀薄

E. 对下丘脑和垂体仅产生负反馈作用

2. 阴道上皮细胞所含的糖原在阴道杆菌的作用下产生乳酸,影响这种现象的激素是

A. 雌激素 B. 孕激素 C. 肾上腺皮质激素

D. 垂体促性腺激素 E. 促性腺激素释放激素

3. 与卵泡发育阶段相对应的子宫内膜周期是

A. 月经期 B. 增生期 C. 分泌早期

D. 分泌晚期 E. 脱落期

4. 孕激素的生理作用是

A. 提高子宫对缩宫素的敏感性 B. 宫颈黏液稀薄

C. 作用体温中枢,有升温作用 D. 使子宫内膜呈增生期改变

E. 使阴道上皮细胞增生与角化

5. **不符合**雌激素功能的是

A. 使子宫内膜出现增生期变化

B. 促使子宫的发育

C. 大量可抑制泌乳

D. 使子宫肌肉对缩宫素的敏感性降低

E. 通过下丘脑对垂体有抑制作用

6. 下列关于女性一生各阶段生理特点描述**错误**的是

A. 围绝经期卵巢功能开始衰退

B. 儿童期第二性征明显

C. 青春期身体及生殖器均生长发育快

D. 性成熟期具有生育能力

E. 新生儿期可出现少量阴道流血

7. 下述选项中**不属于**青春期的特点是

A. 出现月经初潮　　　　　　B. 身体发育较快　　　　　　C. 排卵周期规律

D. 第二性征明显　　　　　　E. 皮下脂肪增厚

8. 下述选项中**不属于**性成熟期的特点是

A. 易出现骨质疏松　　　　　B. 具有生育能力　　　　　　C. 周期性排卵

D. 月经规律来潮　　　　　　E. 历时约 30 年

9. 卵巢的排卵一般发生在

A. 月经干净后 7 天　　　　　B. 两次月经中间　　　　　　C. 月经来潮前 14 天

D. 月经周期第 14 天　　　　　E. 月经干净后 14 天

10. 卵巢的内分泌功能**不包括**

A. 雌激素　　　　　　　　　B. 雄激素　　　　　　　　　C. 孕激素

D. 促卵泡素　　　　　　　　E. 生长因子

11. 下列描述**错误**的是

A. 雌激素使子宫内膜发生增生期变化

B. 在增生期变化基础上孕激素使内膜发生分泌期变化

C. 单纯孕激素可使子宫内膜发生分泌期变化

D. 黄体萎缩,雌、孕激素水平下降时可致月经来潮

E. 孕激素通常在雌激素作用的基础上发挥作用

12. 关于月经生理描述正确的是

A. 初潮年龄多在 15～18 岁　　　　　B. 月经周期少于 28 天为异常

C. 经期一般为 3～7 天　　　　　　　D. 经血量一般在 100ml 以上

E. 月经血多凝固成块

13. 经期卫生,**不包括**

A. 应根据自己的口味随意选择食物　　B. 注意外阴清洁、防感染

C. 避免从事重体力劳动　　　　　　　D. 注意休息

E. 保证睡眠时间

14. 若卵子未受精,黄体开始萎缩的时间约在排卵后

A. 5～6 天　　　　　　　　　B. 7～8 天　　　　　　　　　C. 9～10 天

D. 11～12 天　　　　　　　　E. 13～14 天

15. 正常月经来潮是由于体内

A. 雌激素撤退性出血　　　　B. 孕激素突破性出血　　　　C. 雌、孕激素撤退性出血

D. 雌、孕激素突破性出血　　E. 孕激素撤退性出血

A2 型题

1. 20 岁女性,18 岁月经初潮,月经周期不规律,月经量少。检查:乳房发育差,腋毛阴毛稀少。外生殖器呈幼稚状态,余未查。你初步判断是下列哪种性激素不足造成的,该激素是

A. 雌激素　　　　　　　　B. 孕激素　　　　　　　　C. 雄激素

D. 甲状腺素　　　　　　　E. 垂体生乳素

2. 袁女士,28 岁,15 岁月经初潮,月经周期规律,周期 35 日,持续 6 天,预测排卵日期应在月经周期的

A. 第 14 日　　　　　　　B. 第 17 日　　　　　　　C. 第 21 日

D. 第 25 日　　　　　　　E. 第 29 日

3. 钱女士,51 岁,月经周期紊乱 2 年,现停经 40 日,基础体温单相,宫颈黏液呈典型羊齿植物叶状结晶,相应的子宫内膜表现应是

A. 增殖期图像　　　　　　B. 分泌期早期图像　　　　C. 分泌期中期图像

D. 分泌期晚期图像　　　　E. 萎缩型图像

A3 型题

(1~3 题共用题干)

28 岁女性,月经周期规律,每 35 天来潮一次,经期 3~5 天,经量正常。现为月经周期的第 30 天。

1. 估计排卵时间应为

A. 月经周期的第 14 天　　　　　　　B. 下次月经来潮的前 14 天

C. 两次月经间　　　　　　　　　　　D. 月经的第 16 天

E. 月经周期的第 25 天

2. 此时子宫内膜检查结果是

A. 增生早期　　　　　　　B. 增生晚期　　　　　　　C. 分泌早期

D. 分泌晚期　　　　　　　E. 脱落期

3. 宫颈黏液检查特点是

A. 宫颈黏液变稠　　　　　　　　　　B. 宫颈黏液拉丝度增加

C. 宫口松弛　　　　　　　　　　　　D. 羊齿状植物结晶

E. 不应出现成排的椭圆体

(徐元屏　耿　力)

产 科 检 查

【学习目标】

1. 能正确推算预产期。
2. 能对孕妇进行妊娠期健康指导与保健宣教,使孕妇了解妊娠期卫生及营养等知识。
3. 能正确实施腹部四步触诊、胎心听诊、骨盆外测量的操作方法。
4. 培养学生关心体贴孕妇的态度与素质。

【护理评估】

1. 孕妇的身体状况和产科检查情况的评估。
2. 心理-社会支持状况的评估。
3. 高危因素的评估。
4. 孕妇、操作者及用物准备情况。

【护理措施】

1. 目的

(1)能正确推算预产期,能对孕妇进行妊娠期健康指导与保健宣教,使孕妇了解妊娠期卫生及营养等知识。

(2)能正确实施腹部四步触诊、胎心听诊、骨盆外测量的操作方法。

2. 操作步骤及评分标准

	操作步骤	操作要点	标准分
1	操作前准备(5分)		
	(1)环境准备:室温至 24 ~ 26℃ 及湿度 50% ~ 60% ,必要时屏风遮挡产妇。	室内清洁、安静、舒适。保护孕妇隐私。	2
	(2)护士准备:修剪指甲,洗手、温暖双手。	护士着装规范、仪表端庄。表情微笑,亲切自然。	3

续表

操作步骤	操作要点	标准分
操作过程(95 分)		
(1)自我介绍:向孕妇做自我介绍,安慰、鼓励孕妇。核对评估:核对孕妇姓名、孕周。	面带微笑,语言亲切。	10
(2)本次检查的目的、告知排空膀胱、直肠,帮助孕妇仰卧于检查床上,头部稍抬高,暴露腹部(衣平乳头下方,裤平耻骨联合下方),双腿略屈曲分开,放松腹肌,护士站在孕妇右侧。		10
(3)注意腹形大小、有无妊娠纹、手术瘢痕和水肿等。		10
(4)孕妇双腿伸直,进行手测、尺测宫底高度,尺测腹围;估计胎儿体重。	注意保暖。	10
(5)孕妇仰卧,双腿屈曲略微分开。前三步护士面向孕妇面部操作,第四步面对孕妇足部,检查子宫大小、胎产式、胎先露、胎方位及判断胎先露是否衔接。	动作熟练、稳重、轻巧。	20
(6)根据胎方位确定胎心听诊区域,使用多普勒或胎心听筒,记胎心 1min,仔细辨析胎心频率及强弱。		10
(7)解释测量目的及需进行的配合,准确测量各径线。	语言通俗	20
(8)嘱孕妇再次左侧卧位 5～10min,以改善胎盘血供,协助孕妇整理衣物,将检查结果记录于孕妇妊娠期保健卡的相应栏目内,告知孕妇下次检查的时间和项目,以及预先准备事项。		5

注:"2" 标于操作过程行左侧。

综合评分:

1. 用物准备:缺一项或不符合要求扣 1 分。
2. 仪表:要求衣帽、鞋、头发整洁并符合要求,戴口罩,指甲长短适宜,不符合标准扣 2 分。
3. 服务态度:操作中应注意保护产妇隐私,不符合要求扣 5 分。
4. 操作程序缺项或不符合要求按各项实际分值扣分。
5. 操作程序颠倒一处扣 1 分。
6. 违反操作原则的扣 5 分。
7. 严重违反操作原则的扣 10 分。

【健康教育和注意事项】

1. **休息与活动**　为预防仰卧位低血压综合征,嘱孕妇于妊娠中晚期后尽量采取左侧卧位睡眠姿势,避免长时间仰卧和右侧卧位,以免造成胎儿宫内窘迫和加重右侧输尿管及肾盂积水。

2. **营养指导**　嘱孕妇合理营养,膳食要多样化,以保证胎儿发育、分娩及哺乳的需要。

3. **妊娠期自我监护**　教会孕妇自我监测胎动的方法,嘱孕妇自妊娠28 周开始,每日早、中、晚各数 1h 胎动数,3 小时胎动数相加乘以 4,即为 12 小时的胎动数。如 12 小时胎动数在 30 次或以上,反映胎儿的情况良好,如 12 小时内胎动次数累计 <10 次,应考虑胎儿有宫内缺氧可能,需及时就医。

4. **性生活指导** 妊娠前 3 个月及末 3 个月,应避免性生活,防止流产、早产及感染等并发症的发生。

5. **定时产前检查** 定时进行产前检查,若有任何异常现象应及时就诊,勿随意服药或自行治疗。

6. **异常症状的判断** 如阴道流血,妊娠 3 个月后仍持续呕吐,寒战发热,腹部疼痛,头昏眼花、胸闷、心悸、气短或液体突然自阴道流出,胎动计数突然减少等。

7. 结合孕周作出相应的健康教育指导,如晚期妊娠应指导孕妇如何识别先兆临产、分娩方式的介绍及分娩准备等。

8. 检查过程中孕妇如有任何不适应及时告知检查者,以尽快纠正。

【实训评价】

1. 产科检查的操作方法是否掌握,能否判断子宫大小与孕周是否相符。
2. 能否正确判断并记录胎产式、胎先露、胎方位及胎先露是否衔接。
3. 是否能正确为孕产妇进行产前健康指导。

练 习 题

A1 型题

1. 妊娠出现最早、最重要的症状是

A. 停经   B. 早孕反应   C. 尿频

D. 乳房胀痛   E. 腹痛

2. 关于妊娠期母体的变化,下述选项中正确的是

A. 心排出量减少   B. 卵巢增大,停止排卵   C. 晚期子宫呈左旋

D. 阴道黏膜变薄,皱襞减少   E. 阴唇色素沉着不显著

3. 胎头双顶径平均长为

A. 8.4cm   B. 9.3cm   C. 9.5cm

D. 11.3cm   E. 13.3cm

4. 首次产前检查应在

A. 确定妊娠时   B. 妊娠 8 周   C. 妊娠 16 周

D. 妊娠 20~24 周   E. 妊娠 24 周以后

5. 早期妊娠是指

A. 妊娠 8 周末以前   B. 妊娠 10 周末以前   C. 妊娠 12 周末以前

D. 妊娠 14 周末以前   E. 妊娠 16 周末以前

6. 腹部四步触诊法第二步的目的是

A. 判断宫底部的胎儿部分   B. 查清胎先露,确定是否衔接

C. 检查宫体大小   D. 分辨胎背及胎儿四肢

E. 核对胎先露并确定入盆情况

7. 在骨盆外测量中,最重要的径线是

A. 髂棘间径　　　　　　　B. 髂嵴间径　　　　　　　C. 骶耻外径

D. 坐骨结节间径　　　　　E. 耻骨弓角度

8. 妊娠 24 周后听胎心音的部位,错误的是

A. 骶右前位—母体脐上右侧　　　　　B. 骶左前位—母体脐下左侧

C. 枕左前位—母体脐下左侧　　　　　D. 枕右前位—母体脐下右侧

E. 肩先露—母体腹壁脐周围

9. 关于妊娠期血液变化,下列选项中正确的是

A. 呈高凝状态　　　　　　B. 血容量与非孕期相似　　C. 血沉减慢

D. 白细胞减少　　　　　　E. 血浆增加比红细胞少

10. 下列关于骶耻外径的描述中,正确的是

A. 骨盆入口前后径　　　　B. 中骨盆平面前后径　　　C. 骨盆入口横径

D. 中骨盆平面横径　　　　E. 出口平面前后径

11. 下列关于早期妊娠的叙述中,正确的是

A. 停经即可诊断为妊娠　　　　　　　B. 月经过期 10 天即可出现早孕反应

C. B 超是诊断早孕快速、准确的方法　D. 尿频现象在妊娠 10 周后消失

E. 妊娠 5 周时用多普勒可听到胎心音

12. 卵子从卵巢排出后,正常受精部位在输卵管的

A. 间质部　　　　　　　　B. 峡部　　　　　　　　　C. 壶腹部

D. 伞部　　　　　　　　　E. 壶腹部与峡部连接处

13. 我国采用的围生期是指

A. 从胚胎形成到产后 4 周　　　　　　B. 从妊娠满 20 周至产后 4 周

C. 从妊娠满 28 周至产后 1 周　　　　　D. 从妊娠满 28 周至产后 4 周

E. 从妊娠 37 周到产后 1 周

14. 下列选项中,属于正常胎心次数的是

A. 80 次/分　　　　　　　B. 100 次/分　　　　　　　C. 115 次/分

D. 132 次/分　　　　　　　E. 170 次/分

15. 下列选项中,属于横产式的是

A. 枕左前　　　　　　　　B. 骶左前　　　　　　　　C. 肩左前

D. 枕右横　　　　　　　　E. 骶右后

16. 下列选项中,不属于羊水的功能是

A. 保持宫腔内温度恒定　　B. 监测胎儿成熟度　　　　C. 提供营养物质

D. 减少因胎动带来的不适　E. 破膜后润滑产道

17. 估计胎儿宫内安危最简便的方法是

A. 胎动计数　　　　　　　B. 胎心音计数　　　　　　C. 羊膜镜检查

D. 胎儿监护仪检查　　　　E. 胎儿头皮血 pH 测定

18. 正常足月妊娠时,羊水量为

A. 200～300ml　　　　　　B. 400～500ml　　　　　　C. 600～700ml

D. 800 ~ 1000ml   E. 1100 ~ 1200ml

19. 孕妇在医生的指导下,在家自行数胎动,下列选项中属于**不正常**的是

A. 3 次/小时   B. 5 次/小时   C. 8 次/12 小时

D. 18 次/12 小时   E. 32 次/12 小时

20. 医生为孕妇推算预产期,最常用的依据是

A. 末次月经开始的第一天   B. 早孕反应开始的时间   C. B 超检查结果

D. 胎动开始的时间   E. 测量宫底的高度

21. 下列护士关于孕期指导中,**错误**的是

A. 孕期用药要慎重,特别是孕 12 周内   B. 注意清洁卫生

C. 孕 32 周后应卧床休息,少活动   D. 以淋浴为主,避免盆浴

E. 饮食多样化,注意维生素、钙、铁的补充

22. 孕妇妊娠 8 周,**不应该**出现的是

A. 早孕反应   B. 尿频   C. 乳房增大,乳晕着色

D. 在耻骨联合上扪及子宫底   E. 尿妊娠试验阳性

23. 孕妇孕 28 周,到医院进行产科复查时,**不需**再检查的项目是

A. 测血压   B. 测体重   C. 骨盆外测量

D. 听胎心音   E. 测宫高、腹围

A2 型题

1. 某孕妇,孕 30 周,经 B 超检查为枕左前位,胎心音的听诊部位应在

A. 脐下左侧   B. 脐下右侧   C. 脐上左侧

D. 脐上右侧   E. 脐周

2. 赵女士,26 岁,初次到医院进行产前检查,护士询问的必需内容**不包括**

A. 孕妇姓名、年龄、胎产次   B. 孕妇家庭经济状况   C. 孕妇既往病史

D. 本次妊娠过程   E. 孕妇家族史

3. 某孕妇,孕 8 周来院进行产前检查,经医生测量后发现,骨盆外测量小于正常值,医生应嘱患者何时进行骨盆内测量

A. 孕 18 ~ 20 周   B. 孕 24 ~ 36 周   C. 孕 32 ~ 37 周

D. 先兆临产时   E. 接近预产期时

4. 宋女士,停经 52 天,近 1 周出现恶心、呕吐,并加重,进食量明显减少,尿酮体(－)正确的护理措施是

A. 补充平衡液   B. 高蛋白饮食   C. 鼓励少食多餐

D. 绝对卧床休息   E. 每日服口服镇静剂

5. 初产妇,末次月经日期不清,自觉 1 个月前出现胎动,检查:宫高平脐,胎心 148 次/分。此时妊娠为

A. 14 ~ 16 周   B. 16 ~ 18 周   C. 18 ~ 20 周

D. 22 ~ 24 周   E. 24 ~ 26 周

6. 刘某,初产妇,孕 36 周,四步触诊结果:于子宫底部触到圆而硬的胎头,胎背位于母体腹部左前方,胎方位为

A. 骶左前   B. 骶右前   C. 骶左后

D. 枕右前   E. 枕左前

7. 病人,女性,25 岁,已婚,停经 45 天,恶心、呕吐 1 周来院就诊。妇科检查子宫较正常稍大、软,宫颈着色。最有价值的辅助检查是

A. 黄体酮试验   B. 基础体温测定   C. 尿妊娠试验

D. 宫颈黏液检查   E. 阴道脱落细胞学检查

8. 宋某,26 岁,末次月经不清,自觉胎动 3 个月,胎心音 140 次/分,下面选项中,**无助于**估计孕龄的是

A. 早孕反应出现的时间 B. 测量孕妇体重   C. 测量宫底高度

D. B 超检查双顶径   E. B 超检查股骨长度

9. 李女士,自然流产,胎儿外生殖器可辨男女,头发长出,身长约 16cm,妊娠周数大约是

A. 孕 8 周末   B. 孕 16 周末   C. 孕 28 周末

D. 孕 20 周末   E. 孕 32 周末

10. 刘女士,妊娠早期自觉尿频,12 周后症状自然消失,其原因是

A. 尿量减少   B. 症状适应   C. 增大的子宫进入腹腔

D. 增大的子宫后倾   E. 增大的子宫进入盆腔

A3 型题

（1~5 题共用题干）

王某,28 岁,已婚,平素月经规律,末次月经 2 月 11 日,现停经 42 天,感觉疲乏,乳房触痛明显。

1. 首先考虑的是

A. 绝经   B. 妊娠   C. 子宫肌瘤

D. 葡萄胎   E. 月经不调

2. **除上述症状外**,最可能出现的症状是

A. 恶心   B. 胎动感   C. 妊娠纹

D. 腹部听到胎心   E. 以上均是

3. 化验报告提示尿妊娠试验(＋),此化验的目的是检测体内的

A. 催产素水平   B. 黄体酮水平   C. 雌激素水平

D. 人绒毛膜促性腺激素水平 E. 黄体生成素水平

4. 为了进一步确诊,可选择的检查是

A. CT   B. X 线   C. B 超

D. 多普勒听胎心   E. 查血中激素水平

5. 若已确诊怀孕,其预产期是

A. 10 月 18 日   B. 11 月 5 日   C. 11 月 18 日

D. 12 月 5 日   E. 12 月 18 日

（6~7 题共用题干）

某孕妇现孕 32 周,长时间仰卧后,出现血压下降。

6. 出现该症状的主要原因是

A. 脉率增快   B. 脉压增大   C. 脉压减少

D. 回心血量增加   E. 回心血量减少

7. 为预防此症状的再次发生,孕妇休息时应取

A. 仰卧位　　　　　　　　B. 半卧位　　　　　　　　C. 俯卧位

D. 左侧卧位　　　　　　　E. 右侧卧位

（8～9题共用题干）

高女士,孕20周,产前检查时医生为其测量骶耻外径。

8. 应选择的体位是

A. 仰卧位　　　　　　　　　　　　B. 右侧卧位,左腿伸直,右腿屈曲

C. 右侧卧位　　　　　　　　　　　D. 左侧卧位,右腿伸直,左腿屈曲

E. 左侧卧位

9. 该径线的正常值是

A. 18～20cm　　　　　　B. 20～23cm　　　　　　C. 23～26cm

D. 25～28cm　　　　　　E. 28～31cm

（张艳艳　耿 力）

实训四

分娩期三个产程产妇的护理

【学习目标】

1. 熟悉分娩期三个产程的分期,建立整体护理观念。
2. 熟练掌握对产妇实施外阴冲洗与消毒的操作步骤。
3. 熟悉分娩各期的健康指导及各项护理配合。
4. 培养学生养成良好的职业习惯,有爱心、同情心,严格执行无菌操作。

【护理评估】

(一)第一产程评估

1. 产妇的生命体征、骨盆大小、胎先露、胎方位及宫缩强度与频率。
2. **产程进展情况** 宫口扩张及胎先露下降程度,是否破膜,羊水颜色及性状。
3. **胎儿宫内情况** 评估胎心率。
4. **心理状况** 对疼痛的耐受程度、对自然分娩的信心。

(二)第二产程评估

1. 产妇的生命体征、宫口开全的时间、宫缩持续时间和强度、间歇时间。
2. 评估胎心率及羊水的颜色。
3. 评估胎头拨露进展。
4. 评估产妇精神、心理状况,运用腹压配合情况。
5. 评估会阴条件,判断是否需行会阴切开术。

(三)第三产程评估

1. 评估新生儿 Apgar 得分情况及体重、身长、体表有无畸形。
2. 评估胎盘剥离征象与娩出情况。
3. 评估阴道流血量及会阴伤口情况。
4. 重点评估产后子宫收缩情况、血压等生命征象。
5. 产妇及家属的心理状况、对新生儿性别、外貌接受程度。

【护理措施】

1. **目的**
(1)能对产妇进行分娩各期的健康指导及各项护理配合。
(2)能正确实施外阴冲洗与消毒的操作方法。

2. 操作步骤及评分标准

	操作步骤	操作要点	标准分
1	操作前准备(5分)		
	(1)环境准备:室温至 24~26℃ 及湿度 50%~60%,必要时屏风遮挡产妇。	室内清洁、安静、舒适。	2
	(2)用物准备:肥皂水浓度、碘伏浓度正确,冲洗液温度 39~41℃、各类器械备齐。	所有设备及用物准备到位。	2
	(3)护士准备:修剪指甲,洗手、戴口罩。	护士着装规范、仪表端庄。	1
2	操作过程(95分)		
	(1)自我介绍:向产妇做自我介绍,安慰、鼓励产妇。	面带微笑,语言亲切。	5
	(2)核对评估:核对产妇姓名、床号、住院号、产妇一般情况、产程进展情况及胎心。	①耐心细致,体贴入微。②注意观察产妇生命体征及宫缩强度和频率及胎心音。	10
	(3)沟通交流:向产妇说明操作目的,解释大致步骤,以取得产妇积极配合。	注意向产妇及时传递产程进展及胎心音情况。	10
	(4)摆好产妇体位:臀下铺一次性垫单,协助产妇脱去裤子,取屈膝仰卧位,充分暴露会阴部。护士站在产妇两腿之间。	注意保暖。	10
	(5)用肥皂液擦洗及温开水冲洗外阴2遍:①第1块肥皂液纱布擦洗顺序:阴阜→左侧大腿内上1/3→右侧大腿内上1/3→左侧腹股沟→右侧腹股沟;第2块肥皂液纱布擦洗顺序:左侧大阴唇→右侧大阴唇→左侧小阴唇→右侧小阴唇→会阴体→左侧臀部→右侧臀部→肛门。②温开水冲洗顺序:先中间,后两边,再中间。③第3块肥皂液纱布擦洗范围不超出第1块肥皂液纱布擦洗范围,顺序同第1块肥皂液纱布。第4块肥皂液纱布擦洗范围不超出第2块肥皂液纱布擦洗范围,顺序同第2块肥皂液纱布。④温开水冲洗:先中间,后两边,再中间。⑤干纱布擦干外阴,顺序由内向外。	①按顺序擦洗,擦洗时呈叠瓦状不留空隙。②注意动作轻重适宜。③每个部位至少擦洗3次。冲洗时注意用消毒纱块遮盖阴道口,防止冲洗液流入阴道。	30
	(6)外阴消毒2遍,0.5%的碘伏棉球消毒外阴顺序:阴道前庭(尿道口、阴道口)→左侧小阴唇→右侧小阴唇→左侧大阴唇→右侧大阴唇→阴阜→左侧腹股沟→右侧腹股沟→左侧大腿内上1/3→右侧大腿内上1/3→会阴体→左侧臀部→右侧臀部→肛门。	①注意无菌操作,两手各持1把镊子,左手镊夹取治疗碗中碘伏棉球,右手镊子接过棉球进行消毒。②每个部位1个棉球。第2遍消毒范围不超出第1遍范围。	20

	操作步骤	操作要点	标准分
2	（7）消毒后处理： ①臀下垫无菌治疗巾。 ②协助产妇取适宜体位。双手置于身体两侧,在宫缩时向下屏气用力。 ③护士整理用物,再次听胎心音并做好记录。	①嘱咐产妇不要污染已消毒区。 ②器械清洗消毒后备用。 ③告知产妇胎儿状况,与接产医师配合好,完成分娩。	10

综合评分：

1. 用物准备：缺一项或不符合要求扣 1 分。

2. 仪表：要求衣帽、鞋、头发整洁符合要求,戴口罩,指甲长短适宜,不符合标准扣 2 分。

3. 服务态度：操作中应注意保护产妇隐私,不符合要求扣 5 分。

4. 操作程序缺项或不符合要求按各项实际分值扣分。

5. 操作程序颠倒一处扣 1 分。

6. 违反操作原则的扣 5 分。

7. 严重违反操作原则的扣 10 分。

【健康教育和注意事项】

（一）第一产程

1. 指导产妇放松心情,分散注意力,宫缩时深呼吸、调整呼吸节律和频率有助于缓解分娩痛。

2. 指导产妇适当室内活动,少量多餐,保持体能。

3. 指导并协助产妇2～4小时排尿1次,利于胎先露下降。

4. 指导产妇配合听胎心,了解胎儿宫内安危情况。潜伏期每隔1～2小时听胎心1次,活跃期每隔15～30分钟在宫缩间歇期听胎心1次,每次听1分钟并记录。

（二）第二产程

1. 指导产妇配合听胎心,每5～10分钟于宫缩间歇期听1次胎心,并记录。

2. 指导产妇在宫缩时屏气运用腹压,宫缩间歇期调整呼吸,暂时放松歇息。

3. 当胎头着冠时,指导产妇配合运用喘-吹式呼吸,可避免或减轻会阴撕裂。

（三）第三产程

1. 鼓励指导产妇继续运用腹压,协助配合胎盘娩出。

2. 会阴有伤口者及时向产妇及家属进行术后注意事项宣教。保持会阴清洁干燥,勤换会阴垫,休息时向伤口对侧卧位。

（四）第四产程

1. 指导产妇配合观察子宫收缩、阴道流血情况、产后血压等生命征象。

2. 指导并协助产妇进食流质,放松心情,闭目养神,促进体能恢复。

3. 指导并协助产妇完成产后半小时的亲子互动,满足新生儿情感需求。

4. 指导产妇配合观察有无异常症状出现,如有肛门坠胀或肛门疼痛等异常情况发生要及时报告医师,警惕会阴血肿的发生。

【实训评价】

1. 护士能正确进行外阴冲洗与消毒的护理操作。
2. 护士能完成分娩各期的健康指导和护理配合。

练 习 题

A1 型题

1. 下列选项中,**不能**作为临产依据的是

A. 规律宫缩的出现　　　　B. 宫颈管的消失　　　　C. 宫口的扩张

D. 胎先露的下降　　　　E. 阴道见红

2. 临产后肛查了解胎头下降程度,以下选项中,为判断标志的是

A. 骶岬　　　　　　　　B. 坐骨棘　　　　　　　C. 坐骨结节

D. 耻骨弓　　　　　　　E. 骶尾关节

3. 临产的可靠标志是

A. 不规则宫缩　　　　　B. 见红　　　　　　　　C. 宫底下降

D. 规律性宫缩的出现　　E. 尿频

4. 关于子宫收缩的特点,下列选项中**错误**的是

A. 是不自主的节律性收缩

B. 宫缩具有对称性

C. 宫缩以宫底部最强,子宫下段最弱

D. 子宫肌纤维在宫缩时缩短变宽,间歇时肌纤维松弛恢复到原来的长度

E. 随产程进展,子宫收缩持续时间越来越长,间歇时间越来越短

5. 分娩时最主要的产力是

A. 子宫收缩力　　　　　B. 腹肌收缩力　　　　　C. 膈肌收缩力

D. 肛提肌收缩力　　　　E. 腹压

6. 胎头衔接是指

A. 枕骨进入骨盆入口平面　　　　　B. 顶骨进入骨盆入口平面

C. 双顶径进入骨盆入口平面　　　　D. 顶骨达到坐骨棘水平

E. 枕骨达到骨盆出口平面

7. 初产妇胎头衔接的时间一般在

A. 预产期前 1~2 周　　　　　　　B. 分娩前 24~48 小时

C. 临产后　　　　　　　　　　　　D. 破膜后

E. 宫口开全后

8. 关于分娩机制,下列**错误**的是

A. 俯屈、内旋转、仰伸、复位及外旋转等动作都贯穿于下降过程之中

B. 胎头进入骨盆入口平面时以枕下前囟径衔接

C. 俯屈是胎头下降到达骨盆底时遇到阻力而发生的

D. 内旋转时胎头枕部被推向母体前方

E. 仰伸是枕骨抵达耻骨联合下方时发生的

9. 下列枕左前位分娩机制中,正确的是

A. 衔接:无论初产妇、经产妇胎头均于临产后衔接

B. 俯屈:大囟门下降位置最低

C. 内旋转:大囟门转向母体前方

D. 仰伸:胎头下颏部贴向胸壁

E. 外旋转:胎头随胎肩在骨盆腔内的旋转而转动

10. 关于枕左前位正常分娩机转,内旋转完成的标志是

A. 矢状缝与骨盆出口前后径一致

B. 双顶径与骨盆出口前后径一致

C. 矢状缝与骨盆出口横径一致

D. 双顶径与骨盆入口右斜径一致

E. 矢状缝与骨盆右斜径一致

11. 第三产程处理**错误**的是

A. 胎儿娩出后,立即挤压子宫,促使胎盘娩出,减少产后出血

B. 胎盘娩出后,仔细检查胎盘、胎膜是否完整

C. 检查软产道有无裂伤

D. 第三产程结束后,产妇留在产房观察 2 小时

E. 产后 2 小时情况良好,护送产妇到休养室

12. 关于分娩的分期,下列**错误**的是

A. 宫口开全标志第二产程的开始

B. 第二产程初产妇需 1~2 小时

C. 总产程是指从规律宫缩开始到胎儿娩出为止

D. 第三产程不超过 30 分钟

E. 第二产程经产妇需几分钟或不超过 1 小时

13. 枕先露时肛查胎头下降程度为 S+2,表示下列情况中的

A. 胎头颅骨最低点在坐骨棘平面以下 2cm

B. 胎头颅骨最低点在坐骨棘平面以上 2cm

C. 胎头颅骨最低点在坐骨结节以下 2cm

D. 胎头双顶径在坐骨棘平面以下 2cm

E. 胎头顶骨在坐骨结节平面以上 2cm

14. 最能说明胎盘已经完全剥离的是

A. 宫底上升

B. 子宫体变为狭长形

C. 阴道少量出血

D. 阴道口外露的脐带自行下降延长

E. 轻压耻骨联合上方,将宫体向上推,外露的脐带不再回缩

15. 关于产程中胎心监护,下列**错误**的是

A. 听胎心应在宫缩间歇期　　　　　B. 潜伏期每小时听胎心 1 次

C. 活跃期每 30 分钟听胎心 1 次　　D. 第二产程每 15 分钟听胎心 1 次

E. 每次胎心应听 1 分钟

16. 胎儿娩出后的首要护理措施是

A. 立即断脐　　　　　　　　　　　B. 立即清理呼吸道

C. 擦干身上的羊水　　　　　　　　D. 观察新生儿性别

E. 人工呼吸

17. 预防产后出血,下列措施中正确的是

A. 当胎儿双肩娩出后立即给产妇肌内注射缩宫素 10U

B. 胎盘尚未完全剥离而有阴道流血,可牵拉脐带按揉子宫助娩胎盘,减少出血

C. 让膀胱充盈压迫子宫可减少阴道出血

D. 胎儿娩出后有阴道流血,无论胎盘是否娩出,均可按揉子宫减少出血

E. 为减少阴道流血,可等会阴伤口缝合完毕后再娩出胎盘

18. 新生儿 Apgar 评分指标是

A. 心率、呼吸、血压、皮肤颜色、肌张力

B. 心率、脉搏、血压、皮肤颜色、肌张力

C. 心率、呼吸、体温、皮肤颜色、喉反射

D. 心率、呼吸、肌张力、喉反射、皮肤颜色

E. 体温、呼吸、血压、皮肤颜色、肌张力

19. 新生儿用抗生素眼药水滴眼的护理目的是

A. 防止羊水进入眼睛　　　　　　　B. 保护新生儿视力

C. 防止感染　　　　　　　　　　　D. 防止胎粪污染眼睛

E. 阻止新生儿睁眼

20. 正常新生儿 Apgar 评分是为

A. 1~3 分　　　　　　B. 3~5 分　　　　　　C. 4~7 分

D. 6~8 分　　　　　　E. 8~10 分

21. 第一产程临床经过中最主要的表现是

A. 子宫颈口扩张　　　　B. 拨露　　　　　　C. 着冠

D. 胎儿娩出　　　　　　E. 胎盘娩出

22. 第一产程临床护理中最主要的护理措施是

A. 指导产妇屏气　　　　B. 外阴擦洗　　　　C. 保护会阴

D. 观察产程进展　　　　E. 助娩胎盘

23. 第二产程临床经过中最主要的表现是

A. 子宫颈口扩张　　　　B. 宫颈管消失　　　C. 胎头拨露

D. 胎盘剥离　　　　　　E. 胎盘娩出

24. 下列关于第一产程潜伏期的描述中正确的是

A. 从规律性宫缩开始至子宫颈口扩张 3cm

B. 从规律性宫缩开始至宫口扩张 7cm

C. 从规律性宫缩开始至宫口扩张 5cm

D. 从宫口扩张 3cm 至宫口开全

E. 从宫口扩张 3cm 至宫口扩张 7cm

25. 一旦胎膜破裂,应立即观察

A. 心率 B. 呼吸 C. 血压

D. 胎心 E. 脉搏

26. 关于正常分娩过程,下列选项中正确的是

A. 第一产程应避免用腹压 B. 宫口开大 5cm 宫缩强可灌肠

C. 人工破膜应在宫缩时进行 D. 宫缩密集时 1～2 小时听胎心 1 次

E. 肛门检查在活跃期每 4 小时查 1 次

27. 下列选项中,可以判断已进入第二产程

A. 宫缩时产妇向下屏气用力 B. 胎膜破裂 C. 宫缩频而强

D. 宫口开全 E. 胎先露抵达坐骨棘以下

28. 第二产程中,何时开始保护会阴

A. 宫缩时产妇向下屏气用力时 B. 胎头拨露会阴较紧张时

C. 宫口开全时 D. 胎头着冠时

E. 胎头仰伸时

29. 关于第三产程的描述正确的是

A. 无论初产妇还是经产妇一般不应超过 30 分钟

B. 初产妇第一、二产程比经产妇长,因此第三产程也比经产妇长

C. 初产妇需要 1～2 小时

D. 初产妇需要 6～8 小时

E. 经产妇需要 1 小时

30. 软产道的组成部分,**不包括**下列选项中的

A. 子宫体 B. 子宫下段 C. 子宫颈

D. 阴道 E. 盆底软组织

31. 了解胎先露的高低在临床上主要是通过下列检查中的

A. 腹部四步触诊 B. 腹部听诊 C. 肛门检查

D. B 超检查 E. 双合诊

32. 胎儿娩出后首先的处理是

A. 保暖 B. 结扎脐带 C. 记录出生时间

D. 清理呼吸道 E. Apgar 评分

33. 关于产程中血压的监测,正确的是

A. 每隔 1～2 小时测量 1 次 B. 每隔 4～6 小时测量 1 次

C. 每隔 8～10 小时测量 1 次 D. 在宫缩时血压升高为异常

E. 血压升高者应减少测量次数

34. 关于第三产程描述**错误**的是

A. 处理胎盘的原则是:未剥离前不要过早干预,而当剥离征象出现时,应及时协助娩出

B. 胎盘娩出方式有子面先露及母面先露两种

C. 胎盘娩出后要对胎盘进行仔细检查

D. 胎盘重量大约是胎儿体重的 1/6

E. 胎儿娩出后,两小时内娩出胎盘均属正常

A2 型题

1. 某产妇已临产 4 小时,宫缩 30 ~ 40 秒/4 ~ 5 分钟,胎心 144 次/分,先露头浮,突然阴道流水,色清,肛查:宫口开 2cm,下列处理中**不当**的是

　A. 立即听胎心　　　　　B. 记录破膜时间　　　　　C. 灌肠

　D. 卧床休息少活动　　　E. 观察产程进展

2. 某初产妇,宫缩 16 小时,于 8 分钟前顺利娩出一女婴,体重 3000g,目前胎盘尚未娩出,阴道无流血,此时的处理方法**不正确**的是

　A. 给产妇肌内注射缩宫素 10U

　B. 观察外露的脐带是否自行下降延长

　C. 牵拉脐带按揉子宫促进胎盘剥离

　D. 观察阴道流血

　E. 等待观察,有胎盘剥离征象立即助娩胎盘

3. 某经产妇,孕 3 产 1,无难产史,孕 39 周,3 小时前开始出现规律宫缩,急诊检查:宫缩 40 ~ 45 秒/3 ~ 4 分钟,胎心 140 次/分,头先露,宫口开 2cm,前羊水囊明显膨出,下列选项中,最恰当的护理是

　A. 留急诊室观察　　　　　　　B. 破膜后收住院

　C. 收待产室住院待产　　　　　D. 急收产房消毒外阴准备接生

　E. 灌肠清洁肠道,避免产道污染

4. 新生儿出生后,心率每分钟 90 次,呼吸浅慢不规则,全身皮肤青紫,吸痰器清理呼吸道时喉部有轻微反射,四肢肌张力稍有抵抗,请问该新生儿 Apgar 评分应为

　A. 0 分　　　　　　　B. 3 分　　　　　　　C. 5 分

　D. 6 分　　　　　　　E. 7 分

5. 初产妇,孕 40 周,阵发性腹痛 7 小时,检查:宫缩 30 ~ 40 秒/5 ~ 6 分钟,胎心 148 次/分,头先露,宫口开 2cm,可触及前羊水囊,下列选项中,最恰当的处理是

　A. 待破膜后收住院　　　　　B. 待宫缩变强后收住院

　C. 立即收住院待产　　　　　D. 急收产房消毒外阴准备接生

　E. 留门诊观察

6. 某产妇,第 1 胎,妊娠 38 周前来医院检查,医生诊断为先兆临产,即将分娩。下列选项中最可靠的征象是

　A. 不规律宫缩　　　　　B. 有胎儿下降感　　　　　C. 上腹部较松软

　D. 阴道见红　　　　　　E. 走路不便伴尿频

A3 型题

(1 ~ 2 题共用题干)

某产妇,孕 39 周,不规则宫缩 2 天,阴道少许血性分泌物,血压 120/80mmHg,枕右前位,胎心 150 次/分,骨盆外测量径线正常,肛查宫口未开。

1. 对上述产妇的护理评估正确的是

　A. 孕 1 产 1　　　　　　　B. 早产　　　　　　　C. 胎方位 LOA

D. 先兆临产　　　　　　　　E. 临产

2. 病人入院经处理 24 小时后,宫缩变频,间歇规律,宫缩 30～40 秒/3～5 分钟,胎心 140 次/分,S-1,宫口开大 1cm,下列处理中**不妥**的是

A. 送产妇到待产室待产　　　　　　B. 肥皂水灌肠

C. 每隔 1～2 小时听胎心 1 次　　　D. 每隔 2～4 小时做 1 次肛查

E. 留病房观察

（雷　蕴　耿　力）

实训五

正常产褥期产妇的护理

一、观察子宫复旧、恶露

【学习目标】

1. 掌握子宫复旧及恶露的观察方法,有效预防产妇产后并发症。
2. 培养与护理对象的良好沟通能力。

【护理评估】

1. 产妇的产前记录,分娩过程。
2. 产妇子宫复旧的状况及恶露排出的情况。
3. 产妇的心理状况。

【护理措施】

1. **目的**　严密观察产后子宫收缩及阴道出血情况,预防产后并发症,为产妇提供全方位护理。
2. **操作步骤及评分标准**

	操作步骤	操作要点	标准分
1	操作前准备(5分)		
	(1)环境准备:关好门窗,室温调至24~26℃,屏风遮挡。	注意保护产妇隐私。	1
	(2)用物准备:一次性治疗巾、一次性手套、弯盘、便盆。	必要时准备急救药品和器械(输液设备,面罩等)。	3
	(3)护士准备:衣帽整洁、戴口罩,修剪指甲及洗手。	遵守医院感染控制要求。	1
2	操作过程(95分)		
	(1)操作者携屏风到床边核对产妇床号、姓名,并向产妇说明观察子宫复旧和恶露的目的和方法。	取得产妇的理解和配合。	5
	(2)操作者穿衣、洗手、戴口罩后携用物到产妇床边,再次核对产妇姓名。	关闭门窗,挡屏风,清理陪客,保护产妇的隐私。	5

续表

	操作步骤	操作要点	标准分
2	(3)协助产妇排空膀胱,嘱产妇双腿呈屈膝仰卧位,腹部放松。	①注意安全,防止滑倒。②注意保暖。	5
	(4)操作者戴手套,将一次性治疗巾垫在产妇臀下,同时将弯盘置于产妇臀下,以收集阴道流血。		5
	(5)操作者一手放在耻骨联合上方托住子宫下缘,另一手轻轻按压子宫底,评估子宫底的高度及硬度。	①正常子宫圆而硬,位于腹部中央。若子宫质地软,考虑产后宫缩乏力;若子宫偏向一侧,考虑是否膀胱充盈。②产后子宫底平脐或脐下一横指,以后每日下降1～2cm,产后10天降入骨盆腔。	30
	(6)按压宫底的同时观察恶露情况,注意恶露颜色、量和气味。	正常恶露有血腥味,无臭味,持续4～6周。其中红色恶露持续3～4天,浆液性恶露持续10天左右,白色恶露持续2～3周,恶露总量250～500ml左右。	30
	(7)撤去一次性垫单及弯盘,整理床单元,协助产妇取舒适体位。		5
	(8)清理用物,分类处理,洗手,完成护理记录。		10

综合评分:
1. 用物准备:缺一项或不符合要求扣1分。
2. 仪表:要求衣帽、鞋、头发整洁并符合要求,戴口罩,指甲长短适宜,不符合标准扣2分。
3. 服务态度:操作中应注意保护产妇隐私,不符合要求扣5分。
4. 操作程序缺项或不符合要求按各项实际分值扣分。
5. 操作程序颠倒一处扣1分。
6. 违反操作原则的扣5分。
7. 严重违反操作原则的扣10分。

【健康教育和注意事项】

1. 观察子宫复旧及恶露时注意保暖及保护产妇的隐私。

2. 分娩后一般观察4次,即胎盘娩出后即刻、30分钟、1小时及2小时各观察1次,24小时后每日在同一时间观察子宫收缩及恶露情况。

3. 每次观察均应按压宫底,以了解子宫底的高度、软硬度,是否有血块排出。

4. 如果子宫质地软应考虑子宫收缩乏力,可按摩子宫,按医嘱给予子宫收缩剂;如果子宫底升高或子宫不能如期复旧提示可能有宫腔积血、宫腔内有残留或感染,应及时用子宫收缩剂促进子宫收缩,用抗生素预防感染及清除宫内残留物等处理;如子宫收缩好,但有鲜红色、量多的恶露持续流出,多提示有软产道损伤的可能,应及时报告医生;如恶露有臭味,提示有宫腔感染,应给予抗感染处理。

【实训评价】

1. 产妇能理解配合。
2. 学生能准确有效完成观察子宫复旧及恶露的各项程序。

二、乳房的护理

【学习目标】

1. 掌握产褥期产妇乳房发生的各种护理问题的护理方法。
2. 培养与护理对象的良好沟通能力。

【护理评估】

1. 产妇的妊娠过程及分娩过程。
2. 产妇乳房的形态,泌乳的情况,母乳喂养是否成功。
3. 产妇的心理状况及需求,家属的配合支持状况。

【护理措施】

1. **平坦或凹陷乳头的护理**

(1)乳头伸展练习:将两拇指平等地放在乳头两侧,慢慢地由乳头向两侧外方拉开,牵拉乳晕皮肤及皮下组织,使乳头向外突出。然后两拇指分别放在乳头上、下方,由乳头向上、下纵形拉开。

(2)乳头牵拉练习:用一手托乳房,另一手拇指和中、示指抓住乳头,向外前拉重复10～20次。

(3)在婴儿饥饿时,先吸吮平坦一侧,因为此时婴儿的吸吮力强,吸住乳头和大部分乳晕。

(4)将一个空注射器针筒扣在乳头上,用一个橡皮管连接,再用一个空注射器连接橡皮管抽吸形成负压,使乳头突出。

2. **乳房胀痛及乳腺炎的护理**

(1)尽早哺乳,产后半小时开始哺乳,促进乳汁通畅。

(2)哺乳前温热敷乳房3～5分钟,使乳腺管通畅,同时拍打抖动、按摩乳房,按摩时用手掌鱼际,从乳房边缘向乳头中心按摩,使乳腺管通畅,减少疼痛。

(3)哺乳时先哺患侧乳房,因饥饿的婴儿吸吮力最强,有利于吸通乳腺管。

(4)疼痛剧烈发热者,可在两次哺乳之间冷敷乳房以减少局部充血、疼痛,遵医嘱口服散结通乳中药。

3. 乳头皲裂的护理

(1)哺乳时产妇采取正确、舒适的喂哺姿势,哺乳前温热敷乳房和乳头 3~5 分钟,同时按摩乳房,挤出少量乳汁,使乳晕变软,以利于婴儿吸吮乳头和大部分乳晕,增加喂哺次数、缩短每次喂哺时间,先在损伤轻的一侧乳房哺乳。

(2)哺乳后挤出少许乳汁涂在乳头的乳晕上,短暂暴露使乳头干燥。

【健康教育和注意事项】

1. 平时乳房应保持清洁、干燥,每次哺乳前后用温水毛巾清洁乳头和乳晕,切忌酒精或肥皂擦洗,以免引起干燥皲裂。

2. 哺乳期使用适当的乳罩,避免过紧或过松。

3. 产妇应充分休息,饮食宜清淡。

4. 适当增加喂哺次数,有利于排空乳房。

5. 注意婴儿含接姿势及哺乳方法。

【实训评价】

1. 产妇能理解配合。

2. 学生能正确有效地掌握各种乳房问题的护理。

三、会阴擦洗

本章内容详见实训十四妇产科常用护理技术——会阴擦洗。

练 习 题

A1 型题

1. 产后腹部检查时,如果在耻骨联合上方扪不到子宫底,此产妇大约在产后的

A. 第 1 天   B. 第 2~3 天   C. 第 4~6 天

D. 第 8~9 天   E. 第 10 天

2. 下列对于正常产褥期妇女的描述,正确的是

A. 宫体恢复到未孕大小需要 4 周

B. 宫颈外形于产后 3 日恢复到未孕状态

C. 于产后 2 周宫颈完全恢复至正常状态

D. 产后 6 周子宫恢复至非孕大小

E. 于产后 4 周,除胎盘附着处外,宫腔表面均由新生的内膜修复

3. 产褥期禁止性生活的时间是产后

A. 2 周   B. 4 周   C. 6 周

D. 8 周   E. 10 周

4. 产褥期是指

A. 从胎儿娩出到生殖器官恢复正常

B. 从胎盘娩出到生殖器官恢复正常的一段时间

C. 从第二产程到生殖器官恢复正常的一段时间

D. 从胎儿娩出到全身(除乳腺)恢复正常的一段时间

E. 从胎盘娩出到全身(除乳腺)恢复正常的一段时间

5. 关于产褥的临床表现,下列选项中正确的是

A. 产后初期脉搏增快　　　　　　　B. 产后宫缩痛多见于初产妇

C. 子宫复旧因哺乳而加速　　　　　D. 恶露通常持续 1～2 周

E. 产后血压下降

6. 产后正常血性恶露持续的时间是

A. 9 天　　　　　　　　B. 7 天　　　　　　　　C. 5～7 天

D. 3～4 天　　　　　　　E. 10 天

7. 下列选项中,为异常恶露的是

A. 血性恶露主要由血液组成,色红,量多

B. 血性恶露可持续 3～7 天

C. 浆液性恶露主要是蜕膜组织,色淡红

D. 白色恶露中有大量白细胞、退化的蜕膜组织

E. 正常的恶露无臭味

8. 产后观察和护理不妥的是

A. 产后每天同一时间观察宫底的高度

B. 了解子宫复旧时先让患者排空膀胱

C. 宫缩不良者应给予宫缩剂

D. 正常的恶露有腐臭味,子宫有压痛

E. 子宫复旧不良时,恶露量增多、色红、持续时间较长

9. 哺乳期不应采取的避孕措施为

A. 药物避孕　　　　　　B. 节育器　　　　　　C. 避孕套

D. 安全期避孕　　　　　E. 避孕膜

10. 指导母乳喂养方法错误的是

A. 一般于产后半小时内开始哺乳

B. 向孕产妇宣传母乳喂养的好处

C. 产后一周内哺乳次数应频繁些,每 1～3 小时哺乳一次

D. 每次哺乳后应将新生儿抱起轻拍背部,排出胃内空气

E. 实行定时哺乳

11. 产后检查时间是在产后

A. 2 周　　　　　　　　B. 4 周　　　　　　　　C. 6 周

D. 8 周　　　　　　　　E. 10 周

12. 产后恶露持续为暗红色,应怀疑

A. 宫内感染　　　　　　B. 宫缩乏力　　　　　　C. 胎盘残留

D. 凝血功能障碍　　　　　　　E. 会阴软组织损伤

13. 关于产褥期护理,下列选项中**不正确**的是

A. 多食新鲜蔬菜、水果,预防便秘　　　B. 产后 2 小时鼓励产妇下床活动

C. 鼓励产妇多饮水　　　　　　　　　D. 产后 4 小时鼓励产妇排尿

E. 产后第 2 日可做产后健身操

14. 胎盘附着面的子宫内膜完全修复需到产后

A. 2 周　　　　　　　　B. 3 周　　　　　　　　C. 4 周

D. 5 周　　　　　　　　E. 6 周

15. 初乳是指产后几日内的乳汁

A. 3 日　　　　　　　　B. 5 日　　　　　　　　C. 7 日

D. 10 日　　　　　　　E. 14 日

16. 初乳的特点**错误**的是

A. 含分泌型 IgA 较成熟乳多

B. 初乳中脂肪和乳糖含量较成熟乳多

C. 初乳是指产后 7 日内分泌的乳汁

D. 初乳中含蛋白质较成熟乳多

E. 初乳含 β - 胡萝卜素呈淡黄色

17. 产后体循环血容量增加的时间是在产后

A. 2 小时　　　　　　　B. 6 小时　　　　　　　C. 20 小时

D. 48 小时　　　　　　E. 72 小时

18. 产褥期促进乳汁分泌条件**错误**的是

A. 开始哺乳时间以产后 2h 为宜　　　B. 保证产妇充足睡眠和营养

C. 吸吮是保证乳腺不断泌乳的关键　　D. 生乳素可促进乳汁分泌

E. 避免精神刺激

19. 关于产褥期内分泌变化**不正确**的描述是

A. 哺乳产妇月经复潮延迟

B. 不哺乳产妇通常在产后 6 ~ 10 周月经复潮

C. 分娩后雌激素和孕激素于产后 1 周降至未孕水平

D. 哺乳期产妇无月经来潮者不会受孕

E. 胎盘生乳素于产后 6 小时不能测出

20. 关于产后恶露的描述正确的是

A. 正常恶露含有血液及细菌,有血腥味和臭味

B. 正常恶露总量为 600ml

C. 血性恶露持续 7 日逐渐转为浆液性恶露

D. 正常恶露持续 4 ~ 8 周

E. 产后含有血液、坏死蜕膜组织及宫颈黏液经阴道排出称为恶露

A2 型题

1. 初产妇,从分娩后第二天起,持续 3 天体温在 37.5℃左右,子宫收缩好,无压痛,会阴伤口红肿、疼痛,恶露淡红色,无臭味,双乳软,无硬结。发热的原因最可能是

A. 会阴伤口感染　　　　B. 乳腺炎　　　　　　　C. 产褥感染

D. 上呼吸道感染　　　　E. 乳头皲裂

2. 陈女士,孕 40 周,会阴左侧切开术下分娩一女婴,新生儿体重 3700g,产后第 4 天,伤口红肿、疼痛、流脓。下列处理中**错误**的是

A. 嘱右侧卧位　　　　　B. 拆线引流　　　　　　C. 会阴擦洗

D. 坐浴　　　　　　　　E. 红外线照射

3. 某产妇剖宫产术后 10 日,母乳喂养乳房不胀,新生儿喂奶后仍哭闹,对该产妇处理**错误**的是

A. 用吸奶器吸乳刺激　　B. 增加新生儿吸乳次数　C. 保证充足睡眠

D. 调节饮食　　　　　　E. 饮用催乳剂

4. 某产妇产后 2 日,下腹阵痛,宫底脐下 3 横指,无压痛,阴道流血不多,无恶心呕吐,正确的处理是

A. 给抗生素预防感染　　B. 给予止痛药物　　　　C. 一般不需处理

D. 按摩子宫　　　　　　E. 停止哺乳

5. 某产妇,第一胎,足月顺产,经阴道分娩,会阴 I 度裂伤,产后 2 日裂伤缝合处水肿明显,关于会阴的护理措施正确的是

A. 冲洗阴道　　　　　　　　　　B. 外用消炎药膏

C. 50% 硫酸镁湿热敷伤口　　　　D. 取伤口侧卧位

E. 坐浴 2 次/日

6. 初产妇,经阴道分娩后 5 日,乳汁少,以下鼓励母乳喂养措施中**错误**的是

A. 母婴同室　　　　　　　　　　B. 精神愉快,睡眠充足

C. 两次哺乳间给婴儿喂少量糖水　D. 多进汤汁饮食

E. 增加哺乳次数

7. 某产妇,产后 5 日,下列主诉中**不是**正常产褥期表现的是

A. 出汗多　　　　　　　　　　　B. 哺乳时腹部疼痛

C. 乳房胀痛　　　　　　　　　　D. 体温 37.5℃

E. 阴道分泌物量多、颜色鲜红

A3 型题

（1～2 题共用题干）

李某,经产妇,昨日经阴道顺产一正常男婴,目前诉说乳房胀痛,下腹阵发性轻微疼痛。查乳房胀痛,无红肿,子宫硬,宫底在腹正中,脐下 2 指,阴道出血同月经量。

1. 该孕妇乳房胀痛首选的护理措施是

A. 用吸奶器吸乳　　　　B. 生麦芽煎汤喝　　　　C. 少喝汤水

D. 让新生儿多吸吮　　　E. 皮硝敷乳房

2. 对该孕妇下腹疼痛问题,可以告知她

A. 是产后宫缩痛　　　　B. 是不正常的子宫痛　　C. 一般一周后消失

D. 需要用止痛药　　　　E. 与使用宫缩素无关

（3～6 题共用题干）

产妇陈某,于今天顺利分娩一女婴,现送入病房休息室。

3. 为预防尿潴留的发生,应指导她产后第一次排尿在产后

A. 4 小时内　　　　　　　　B. 5 小时内　　　　　　　　C. 6 小时内

D. 7 小时内　　　　　　　　E. 8 小时内

4. 分娩第二天,乳房胀痛,无红肿,首选的护理措施是

A. 用抗生素　　　　　　　　B. 生麦芽煎汤喝　　　　　　C. 热敷乳房

D. 让新生儿多吮吸　　　　　E. 芒硝敷乳房

5. 产后访视时间**不包括**

A. 出院后 3 日内

B. 产后 14 日

C. 产后 28 日

D. 产后 6 周

E. 产妇出院后 3 日内、14 日、28 日分别做 3 次产后访问

6. 产后访视内容**不包括**

A. 产妇饮食、睡眠及大小便　　　　　B. 身体各器官恢复情况

C. 检查乳房,了解哺乳情况　　　　　D. 观察会阴伤口情况

E. 了解新生儿健康状况

(7~9 题共用题干)

初产妇,27 岁,阴道助娩一男婴,会阴Ⅰ度裂伤,产后 6 小时未排尿,检查阴道出血不多,宫底脐上 1 横指。

7. 该产妇可能的问题是

A. 子宫复旧不良　　　　　　B. 宫腔积血　　　　　　　　C. 尿潴留

D. 腹胀　　　　　　　　　　E. 阴道伤口疼痛

8. 该产妇如不及时处理会出现的严重后果是

A. 影响子宫收缩,造成产后出血　　　B. 恶露排出不畅

C. 会阴伤口愈合延迟　　　　　　　　D. 腹胀、腹痛

E. 影响泌乳

9. 正确的护理措施是

A. 按摩子宫　　　　　　　　B. 肌注缩宫素　　　　　　　C. 协助产妇排空膀胱

D. 硫酸镁湿热敷会阴伤口　　E. 给予心理疏导

(徐　蓉　耿　力)

实训六

新生儿日常护理

一、新生儿沐浴

【学习目标】

1. 熟悉新生儿的主要生理特点。
2. 熟悉新生儿沐浴的操作技术。
3. 熟悉新生儿沐浴的目的及护理要点。

【护理评估】

1. 了解新生儿出生时间,出生时状态,哺乳时间。
2. 评估新生儿身体状态,如面色、呼吸、四肢活动、囟门、皮肤和脐带情况等。
3. 评估沐浴的环境和时间。
4. 产妇对新生儿沐浴的知识和技能的认知情况。

【护理措施】

1. 目的
(1)清洁皮肤,预防皮肤感染。
(2)协助皮肤排泄,促进血液循环,活动新生儿肢体,增进身体舒适。
2. 操作步骤及评分标准

	操作步骤	操作要点	标准分
1	操作前准备(5分)		
	(1)新生儿准备:新生儿沐浴于喂奶前或喂奶后1小时进行,以防呕吐和溢奶。		2
	(2)环境准备:调节室温于温暖状态,关闭门窗,但采光要好,以便对新生儿观察;浴台铺上套好布套的台垫,护理篮置于浴台的一侧。		1

续表

	操作步骤	操作要点	标准分
1	(3)用物准备:磅秤,必要时备床单、被套、枕套。 沐浴类:尿布及衣被、大毛巾、浴(面)巾、婴儿皂、水温计、浴盆内备2/3温热水或温流动水。 护理篮:指甲刀、棉签、纱布、弯盘以及脐部、臀部和皮肤护理的用物。		1
	(4)护士准备:取下手表,洗手,更换洗澡衣。		1
2	操作过程(95分)		
	(1)评估:全身、四肢活动以及皮肤完整情况,有无感染。	有异常情况,及时处理并报告医生。	15
	(2)沐浴前: ①按使用顺序摆放好用物,调试水温(包括流动水)至所需温度。 ②检查新生儿手圈,核对床号、姓名、性别、日龄。 ③在浴台上脱去新生儿衣服,按护理常规测量体重,检查全身情况并记录,然后用大毛巾包裹新生儿全身(保留尿布)。	继续往澡盆里放水的时候,千万不要把新生儿放进去(放水过程中,水温有可能还有变化,或者水太深了)。	15
	(3)沐浴: ①用单层面巾擦眼(由内眦→外),更换面贴部位以同法擦另一眼、耳和脸部(额头→鼻翼→面部→下颏),禁用肥皂;根据情况用棉签清洁鼻孔。 ②抱起新生儿,用左手掌托住头颈部,左拇指与中指分别将新生儿双耳廓折向前方,并轻轻按住,堵住外耳道口,左臂及腋下夹住新生儿臀部及下肢,将头移近盆边,右手搓皂洗头、颈、耳后,然后用清水冲净,擦干头发。 ③解开大毛巾,平铺于浴台上,去掉尿布,以左手掌、指握住新生儿左肩及腋窝处,使头颈部枕于操作者前臂,用右手握住新生儿左大腿,使其臀部位于操作者右手掌上,轻放水中。 ④松开右手,取浴巾湿水或流动水淋湿新生儿全身,擦肥皂,边洗边冲净,依次为颈下、前胸、腋下、腹、手、臂、后颈、背腰、腿、脚、会阴及臀部,然后将新生儿抱起放于大毛巾中,迅速包裹擦干水分。	①注意保暖,动作轻快。沐浴时注意不污染脐带,勿使水或肥皂沫进入耳、眼内。 ②头顶部有皮脂结痂时,可涂石蜡油浸润,次日轻轻梳去结痂。 ③在沐浴过程中注意观察新生儿的精神反应和呼吸等情况。 ④Apgar评分5分以下以及病情不稳定者暂不沐浴。 ⑤严格执行一人一巾一盆,一用一消毒,不得交叉混用。	40
	(4)沐浴后:检查全身各部位,根据新生儿情况进行必要的脐部、臀部和皮肤护理,必要时清洁女婴大阴唇及男婴包皮处污垢。穿好衣服,兜好尿布,视情况修剪指甲。		15
	(5)安置新生儿,清理用物,必要时更换床单元。终末处理。		10

续表

	操作步骤	操作要点	标准分

综合评分:

1. 用物准备:缺一项或不符合要求扣 1 分。

2. 仪表:要求衣帽、鞋、头发整洁并符合要求,戴口罩,指甲长短适宜,不符合标准扣 2 分。

3. 服务态度:操作中应注意保护产妇隐私,不符合要求扣 5 分。

4. 操作程序缺项或不符合要求按各项实际分值扣分。

5. 操作程序颠倒一处扣 1 分。

6. 违反操作原则的扣 5 分。

7. 严重违反操作原则的扣 10 分。

【健康教育和注意事项】

1. 提倡母婴同室和母乳喂养,鼓励父亲参与日常护理,加强与孩子的情感交流。指导家长学习日常护理知识及技能。

2. 做好新生儿访视、预防接种的指导。

3. 沐浴时应注意观察新生儿全身情况,如皮肤有无发绀、皮疹、脓疱、黄疸,肚脐部有无渗血、红肿、脓性分泌物,肢体活动有无异常等。如有异常情况,及时处理并报告医生。

4. 新生儿出生后体温未稳定前不宜沐浴。沐浴时间应避免在喂乳前 1 小时内或喂乳后 1 小时内,以免溢乳和呕吐。

5. 保持室温、水温恒定。注意保暖,避免受凉。

6. 保证安全,防止损伤。沐浴过程中护士绝对不能离开新生儿,并且手始终接触和保护新生儿。注意动作轻柔敏捷。

7. 沐浴时,浴液不要直接倒在新生儿皮肤上。切忌让水和浴液进入新生儿眼、耳、口、鼻内,以防窒息和感染。勿弄湿脐带敷料。颈下涂抹爽身粉时要用手遮住新生儿口鼻,避免爽身粉进入眼内或呼吸道;女婴腹股沟处涂抹爽身粉时应遮盖外阴部。

8. 手圈脱落需及时补上。

9. 预防交叉感染　每个新生儿用一套沐浴用品;所有新生儿沐浴完成后用消毒液浸泡浴池、浴垫;毛巾清洗消毒。有感染的新生儿应隔离沐浴,将换下的衣物隔离处理。

10. 头顶部的皮脂结痂不可用力清洗,可涂液体石蜡浸润,待次日予以清洗。

【实训评价】

1. 新生儿无哭闹。

2. 产妇及家属掌握新生儿沐浴的操作方法。

3. 护理过程体现了沟通、互动、产妇及家属满意。

二、新生儿抚触

【学习目标】

1. 熟悉新生儿抚触操作方法。

2. 熟悉新生儿抚触适应证及禁忌证。

3. 熟悉早产儿、胎儿生长受限及过期产儿的知识。

【护理评估】

1. 如抚触新生儿,需了解新生儿出生时间、出生时状况。

2. 评估婴儿身体和精神状态,喂养情况。

3. 评估抚触的环境和时间。

4. 产妇对婴儿抚触的知识和技能的认知情况。

【护理措施】

1. 目的

(1)促进婴儿神经系统的发育,增强婴儿应激能力。

(2)有助于婴儿免疫系统的完善,提高免疫力。

(3)加快婴儿对食物的吸收。

(4)提高产妇的良性反馈,促进母乳的增加,有助于母乳喂养。

(5)促进母婴情感交流。

2. 操作步骤及评分标准

	操作步骤	操作要点	标准分
1	操作前准备(5 分)		
	(1)新生儿准备:婴儿抚触时间选择两次进食中间,沐浴后、就寝前、婴儿清醒、不疲倦时进行抚触。		2
	(2)环境准备:关闭门窗,婴儿床铺舒适,调节室温于温暖状态,选择中速、轻柔而有节奏的音乐作为背景。		1
	(3)用物准备:大毛巾、无刺激性的抚触油和合适的抚触台及垫、室温计。		1
	(4)护士准备:仪表端庄,服装整洁,去手表,剪指甲,脱下手饰,清洗并温暖双手;保持愉悦的心情。		1
2	操作步骤(95 分)		
	(1)核对身份,解释抚触的目的,取得家属的配合。		10
	(2)头面部:①额部:两拇指腹交替按压眉心,用两拇指腹从前额中央往外推至发迹。②下颌部:用双手拇指腹分别从下颌上、下部中央向外上方滑动至耳前,让上下唇形成微笑状。③头部:两手从前额发际抚向脑后,避开囟门,最后两中指分别停在耳后乳突部,像洗头时用洗发香波一样。	①操作过程面带微笑,表情丰富。②与婴儿有眼神对视,语言表情交流动作连贯、优美。	15
	(3)胸部:两手分别从胸部的外下方(两侧肋下缘)向对侧上方交叉推进,至两侧肩部,在胸部画成一个大的交叉,避开婴儿的乳头。		15

续表

操作步骤	操作要点	标准分
（4）腹部：两手依次从宝宝的右下腹向左下腹移动，呈顺时针方向划半圆，避开婴儿的脐部；用右手在婴儿左腹由上向下画一个英文字母 I；由左至右画一个倒的 L（LOVE）；由左向右画一个倒写的 U（YOU），做这个动作时，用关爱的语调向婴儿说"我爱你"（I LOVE YOU），与婴儿进行情感交流。		20
（5）四肢：两手抓住婴儿胳膊，交替从上臂至手腕轻轻挤捏，像牧民挤牛奶一样，然后从上到下搓滚，对侧及双下肢做法相同。		10
（6）手足：用拇指腹从婴儿手掌面或脚跟向手指或脚趾方向推进，并抚触每个手指或脚趾；两手拇指置于婴儿掌心或脚跟，两手交替用四指腹由腕部或踝部向指头或脚趾方向抚摸。		10
（7）背部：婴儿呈俯卧位，双手平行放在婴儿背部，沿脊柱两侧，用双手向外侧滑触，从上至下依次进行；双手示指与中指并拢从背部上端开始逐步向下渐至臀部滑动。		10
（8）臀部：两手示、中、无名指腹在婴儿臀部做环行抚触。	时间不少于 10 分钟且不超过 15 分钟。	5

（最左列标注 2）

综合评分：
1. 用物准备：缺一项或不符合要求扣 1 分。
2. 仪表：要求衣帽、鞋、头发整洁并符合要求，戴口罩，指甲长短适宜，不符合标准扣 2 分。
3. 服务态度：操作中应注意保护产妇隐私，不符合要求扣 5 分。
4. 操作程序缺项或不符合要求按各项实际分值扣分。
5. 操作程序颠倒一处扣 1 分。
6. 违反操作原则的扣 5 分。
7. 严重违反操作原则的扣 10 分。

【健康教育和注意事项】

1. 室内照明应光线柔和，避免刺激性光源。室内应安静或可播放一些柔和的音乐，防止噪声，确保抚触时不受干扰。

2. 抚触者应修剪指甲，除去饰物，洗净双手，并适当地涂抹润肤油，以减少抚触时的摩擦，于双手温暖后再进行抚触。

3. 抱婴儿时，防止手上的润滑油打滑而使婴儿滑脱。

4. 根据婴儿状态决定抚触时间，一般时间为 10~15 分钟，每天 1 或 2 次为佳，建议最好在婴儿沐浴后进行。婴儿疲劳、哭闹、饥饿或喂乳后 1 小时内不宜抚触。

5. 在抚触进行中,如婴儿出现哭闹、肌张力提高、兴奋性增加、肤色改变等,应暂时停止抚触,如持续 1 分钟以上应完全停止抚触。

6. 抚触过程中,不可强迫婴儿保持固定姿势。

7. 抚触时应注意与婴儿进行目光与语言的交流。

8. 要求整套动作连贯熟练,手法规范到位,轻柔流畅,力度适宜,婴儿舒适、愉悦、安静。

【实训评价】

1. 抚触过程中新生儿愉悦、无哭闹。

2. 产妇或家属对操作过程满意,初步掌握新生儿抚触的方法。

三、给新生儿包襁褓

【学习目标】

1. 熟悉给新生儿包襁褓的操作方法。

2. 熟悉给新生儿包襁褓的技巧和时间。

【护理评估】

1. 评估新生儿身体和精神状态,喂养情况。

2. 评估给新生儿包襁褓的环境和时间。

3. 产妇对给新生儿包襁褓的知识和技能的认知情况。

【护理措施】

1. 目的

(1)刚刚出生的新生儿其实面临一个陌生的环境,容易不安,给新生儿包襁褓会让新生儿感觉还在母亲的子宫里,温暖又安全,有助于帮助宝宝平复情绪。让宝宝有一个温暖舒适的"怀抱"。

(2)有技巧地给新生儿包襁褓,会避免宝宝被自己的惊吓反射干扰,有助于宝宝在出生后几天内保持暖和舒适,让宝宝感到既暖和又安全,直到宝宝体内的自动调节机能开始正常发挥作用。

2. 操作步骤及评分标准

	操作步骤	操作要点	标准分
1	操作前准备(5分)		
	(1)新生儿的准备:在确定新生儿不饿、没有尿湿而且不疲倦的情况下。		2
	(2)环境准备:调节室温于温暖状态,关闭门窗,但采光要好,以便对新生儿观察;台面上要保持整洁、干净、宽敞。		1

续表

	操作步骤	操作要点	标准分
1	(3)用物准备:根据季节准备厚薄的毯子和纯棉的大包巾(长112厘米,宽112厘米)。		1
	(4)护士准备:仪表端庄,服装整洁,去手表,剪指甲,脱下手饰,清洗并温暖双手;保持愉悦的心情。		1
2	操作步骤(95分)		
	(1)评估:核对身份,解释给新生儿包襁褓的目的,取得家属的配合。		10
	(2)把一块毯子呈菱形铺在一个平坦的地方,将右上角折下约15厘米。		15
	(3)把宝宝平放在毯子上,让其脖子处于折痕的位置。		15
	(4)把宝宝的右胳膊平放在其身体的右侧,拉起毯子的左边一角向右裹,把宝宝的右胳膊和身体都包进去。把毯子超出宝宝身体的部分折起来掖在其身后,越紧越好。宝宝的左胳膊要露在外面。		20
	(5)把宝宝的左胳膊放下来,拉起毯子下面的一角盖住宝宝的左肩膀。长出的部分折起来掖在宝宝的左胳膊下面。		15
	(6)把毯子的右边一角向外拉紧,然后从前面裹住宝宝的身体,你可以把宝宝向你的右侧稍微滚一点,好把长出来的一角裹在他的背后,完成。		15
	(7)安置新生儿,清理用物。		5

综合评分:
1. 用物准备:缺一项或不符合要求扣1分。
2. 仪表:要求衣帽、鞋、头发整洁并符合要求,戴口罩,指甲长短适宜,不符合标准扣2分。
3. 服务态度:操作中应注意保护产妇隐私,不符合要求扣5分。
4. 操作程序缺项或不符合要求按各项实际分值扣分。
5. 操作程序颠倒一处扣1分。

【健康指导及注意事项】

1. 襁褓就是用毯子把宝宝舒适地包裹起来的技巧,这会让他感到既暖和又安全。给新生儿包襁褓时,时机要选对。襁褓应该是给宝宝在出生到满月这段时间包的,满月后宝宝就会大一点了,如果还继续襁褓会妨碍宝宝的活动和发育。

2. 为新生儿包襁褓应该是在宝宝不饿、没有尿湿,而且不疲倦的情况下进行,如果宝宝哭闹和踢蹬腿这是代表不愿意再被束缚,就不要勉强给他包襁褓。

3. 在包襁褓的时候也要注意通风,如果宝宝穿得过紧过暖则不利于身体抵抗能力,身体就很容易受到损伤,而新儿的皮肤很娇嫩,在购买襁褓的时候,除了要购买棉质的襁褓外,还要考虑襁褓的做工,看下针线的缝制密度是否足够,是否容易被洗坏。这是需要考虑的问题,由于孩子很可能尿床,需要经常洗涤褓褛,因此选择质量好的褓褛是必须的。

【实训评价】

1. 新生儿无哭闹,感到很舒适。
2. 产妇及家属掌握给新生儿包褓褛的操作方法。
3. 操作过程体现了沟通、互动,产妇及家属满意。

练 习 题

A1 型题

1. 有关新生儿脐部的护理内容,**错误**的是
A. 保持脐部清洁干燥
B. 沐浴后用 75% 酒精消毒脐带残端及脐轮周围
C. 脐部红肿无需处理
D. 有肉芽增生用 2.5% 硝酸银灼烧
E. 有分泌物时涂 1% 甲紫

2. 关于新生儿常见的几种生理状态,**错误**的是
A. 生理性黄疸　　　　B. 马牙　　　　　C. 乳腺肿大
D. 红臀　　　　　　　E. 假月经

3. 新生儿生理性黄疸的特点下面选项中**不符合**的是
A. 生后 2~3 天出现黄疸
B. 足月新生儿生后 2 周内黄疸消退
C. 足月新生儿血清总胆红素不超过 120mg/L(12mg/dl)
D. 以结合胆红素为主
E. 一般情况好,不伴有其他症状

4. 正常新生儿接种卡介苗的时间是
A. 出生 6 小时后　　　B. 出生后 12~24 小时　　C. 出生 10 小时后
D. 出生 8 小时后　　　E. 出生后三个月

5. 以下关于婴儿喂养的描述,**错误**的是
A. 母乳喂养　　　　　B. 产后半小时开始哺乳　　C. 按需喂养
D. 哺乳前温水擦洗乳头　E. 按时哺乳

6. 关于正常新生儿生理特点,下述选项中**不对**的是
A. 新生儿以腹式呼吸为主
B. 新生儿耗氧量高,故以增加心搏次数补偿
C. 心率 120~140 次/分钟
D. 体温易受外界环境影响而波动
E. 新生儿黄疸大多 12~15 天消退

7. 新生儿沐浴时的注意事项**不包括**的是
A. 防止交叉感染　　　　　　　B. 沐浴前可喂奶

C. 防止婴儿受凉、损伤　　　　D. 操作者的手始终注意保护婴儿

E. 做好脐部护理

8. 关于新生儿下述选项中**错误**的是

A. 足月儿体重≥2500g　　　　　　B. 低出生体重儿 <2500g

C. 超低体重儿体重 <1500g　　　　D. 足月小样儿体重 <2500g

E. 巨大儿体重 >4000g

9. 关于脐部护理**错误**的是

A. 脐部护理的目的是预防新生儿脐炎的发生

B. 护理脐部时,暴露脐部,环形消毒脐带根部

C. 一般情况最好包裹,避免感染

D. 护理时重点观察脐带有无特殊气味及脓性分泌物

E. 每次沐浴后用75%酒精消毒脐带残端及脐轮周围

10. 有关预防新生儿红臀的措施,**错误**的是

A. 勤换尿布

B. 大便后用温水洗净臀部

C. 包裹不可过松、过紧

D. 垫塑料布防止床单潮湿

E. 发生皮肤溃烂可用植物油或鱼肝油纱布敷于患处

11. 关于纯母乳喂养的概念,**错误**的是

A. 除母乳外不添加任何食物　　　B. 母乳不必定时

C. 产妇哺乳时取侧卧位或坐位　　D. 哺乳后将新生儿横抱,轻拍背部

E. 提高免疫力、预防疾病

12. 关于纯母乳喂养的描述,正确的是

A. 在母婴分开时,也要保持泌乳

B. 母乳也需定时

C. 乳后可以给孩子使用安慰奶头

D. 两次哺乳之间可加喂糖水,避免小儿缺水

E. 哺乳后将新生儿横抱,轻拍背部

13. 母婴同室是指产后母婴 24 小时在一起,由于治疗等需要,母婴分离**不超过**

A. 1 小时　　　　　　B. 2 小时　　　　　　C. 3 小时

D. 4 小时　　　　　　E. 5 小时

14. 关于新生儿特殊生理现象的描述,下列选项中**错误**的是

A. 出生后 2~3 天可出现生理性黄疸,4~10 天消退

B. 出生后 4~5 天体重不回升应引起注意,查明原因

C. 夏天体温突然上升达 39~40℃,感染可能性极大

D. 乳房肿块为母体雌激素影响

E. 出生后数日出现阴道少量流血,1~2 天内自然消失

15. 纯母乳喂养是指

A. 婴儿从出生至产后 10 个月,除母乳外不给婴儿其他食品及饮料,但可以喂水

B. 婴儿从出生至断乳,除母乳外不给婴儿其他食品及饮料,但可以喂水
C. 婴儿从出生至产后 4~6 个月,除母乳外不给婴儿其他食品及饮料,但可以喂水
D. 婴儿从出生至断乳,除母乳外不给婴儿其他食品及饮料,包括水
E. 婴儿从出生至产后 4~6 个月,除母乳外不给婴儿其他食品及饮料,包括水

（程　琳　万盈璐）

异常妊娠妇女的护理及健康教育

【学习目标】

1. 对妊娠期并发疾病有一个感性认识。
2. 能结合临床病例,对妊娠期并发疾病妇女进行整体护理。
3. 培养学生的人际沟通能力和职业道德素质。

【护理评估】

1. 评估妊娠期并发疾病妇女的身体状况。了解其月经史、停经时间、早孕反应、阴道流血及有无胚胎排出、腹痛出现的时间等情况。
2. 评估心理-社会支持状况。
3. 评估发病高危因素。仔细询问病人是否存在着导致流产的诱因或病因,主要是染色体异常。

【护理措施】

1. 保胎治疗期间向病人强调绝对卧床休息的重要性,取得病人及其家属的理解配合。
2. 保胎治疗期间密切观察病人阴道出血的量、颜色和持续时间,保留会阴垫收集血液,准确估计出血量。如发生难免流产或不全流产大量阴道流血时应立即通知医生,建立静脉通道,及时做好清宫术或引产术的术前准备,预防失血性休克的发生。
3. 异位妊娠的病人保守治疗期间应观察腹痛的情况、化疗药物治疗的效果及毒副反应。
4. 对于急诊宫外孕的病人,应严密监测生命体征,每 10～15 分钟测一次并记录,如出现血压下降、脉搏细速,面色苍白、四肢湿冷、尿量减少等休克征象,应立即报告医生并配合抢救,同时做好急诊手术的准备。
5. 对于前置胎盘的病人,应监测病情配合医生止血。遵医嘱给予镇静、止血、宫缩抑制剂,并观察用药反应。监测胎心,防止早产,适时终止妊娠。
6. 对于胎盘早期剥离休克的病人应立即进行抢救,作好手术准备。观察有无凝血功能障碍、急性肾衰竭、胎儿窘迫征象等并发症的发生,并做好相应的护理措施。
7. 妊娠期高血压疾病的病人应密切观察水肿、血压和尿蛋白的情况、预防子痫的发生。子痫病人应保持呼吸道通畅、吸氧、遵医嘱正确用药。观察硫酸镁用药后的中毒反应并备好解救药。做胎心监护,纠正胎儿宫内缺氧,促进胎儿生长发育。
8. **心理护理** 用语言、非语言等沟通技巧与孕妇及家属建立良好关系,稳定孕妇及家属的情绪,消除焦虑;向其介绍病情及采取的救护措施,解答疑问,给予精神安慰,增强信心,积极配合治疗。

【健康教育和注意事项】

1. 孕期保证充足的休息和愉快的心情,摄入富含铁、钙、蛋白质、维生素的食物及新鲜蔬果,减少动物脂肪及过量食盐的摄入,纠正贫血,增强抵抗力。

2. 做好计划生育工作,避免多产、多次刮宫导致子宫内膜损伤或子宫内膜炎。

3. 教会孕妇自我监测胎动变化,有异常及时报告。

4. 加强产前检查,对妊娠期出血,不论量多少均应及时就诊,早期诊断,正确的处理。

5. 注意外阴清洁,预防产后感染。

【实训评价】

1. 能正确进行妊娠期并发疾病妇女整体护理。

2. 能为妊娠期并发疾病妇女提供与病情相关的健康指导。

练 习 题

A1 型题

1. 早产是指

A. 妊娠满 32 周至不满 40 足周间分娩

B. 妊娠满 32 周至不满 36 足周间分娩

C. 妊娠满 28 周至不满 36 足周间分娩

D. 妊娠满 28 周至不满 40 足周间分娩

E. 妊娠满 28 周至不满 37 足周间分娩

2. 导致流产的主要原因是

A. 妊娠期急性高热　　　　　B. 胎盘早期剥离　　　　　C. 母儿血型不合

D. 接触有害化学物质　　　　E. 染色体异常

3. 胚胎或胎儿已死亡,滞留在宫腔内尚未自然排出者称为

A. 先兆流产　　　　　　　　B. 难免流产　　　　　　　C. 不全流产

D. 稽留流产　　　　　　　　E. 习惯性流产

4. 关于先兆流产**不妥**的护理措施是

A. 指导卧床休息

B. 禁止性生活

C. 必要时按医嘱给予对胎儿危害小的镇静剂

D. 黄体功能不足的孕妇,每日肌内注射黄体酮保胎

E. 便秘者可行肥皂水灌肠

5. 输卵管妊娠最主要的原因是

A. 输卵管发育不良　　　　　　　　B. 输卵管炎症

C. 精神因素干扰受精卵运送　　　　D. 输卵管手术

E. 子宫内膜异位症

6. 异位妊娠病人就诊的主要症状是

A. 停经　　　　　　　B. 晕厥　　　　　　　C. 腹痛

D. 阴道流血　　　　　E. 有便意感

7. 针对异位妊娠接受非手术治疗患者护理要点**欠妥**的是

A. 指导卧床休息,避免腹部压力增大

B. 禁止性生活

C. 摄入清淡易消化饮食

D. 严密监测生命体征

E. 阴道出血量多提示腹腔出血量也多,需要立即手术

8. 妊娠水肿(＋＋)是指

A. 足部及小腿有轻度水肿,休息后能消退

B. 足部及小腿有轻度水肿,休息后不消退

C. 水肿延及大腿

D. 水肿延及外阴和腹部

E. 全身水肿或伴腹水者

9. 硫酸镁的中毒现象首先表现为

A. 膝反射减弱或消失　　B. 呼吸减慢　　　　　C. 心率减慢

D. 尿量减少　　　　　　E. 血压下降

10. 下列关于子痫患者的护理措施**错误**的是

A. 减少刺激　　　　　　B. 严密监护　　　　　C. 病室明亮

D. 专人护理,防止受伤　　E. 协助医生控制抽搐

11. 前置胎盘的主要临床症状是

A. 妊娠期腹痛、阴道流血

B. 妊娠晚期或临产时,发生无诱因、无痛性反复阴道流血

C. 妊娠期无诱因、无痛性反复阴道流血

D. 妊娠晚期或临产时,发生无诱因、反复阴道流血、伴腹痛

E. 妊娠晚期或临产时阴道流血

12. 下列可以导致胎盘早剥的情况是

A. 缩宫素引产　　　　　B. 孕妇左侧卧位　　　C. 孕妇行走时间过长

D. 脐带过短　　　　　　E. 妊娠水肿

13. 胎盘早剥**不会**带来的变化是

A. 子宫胎盘卒中　　　　B. 凝血功能障碍　　　C. 肾衰竭

D. 胎盘前置　　　　　　E. 羊水栓塞

14. 胎盘早剥的处理原则是

A. 减轻腹痛　　　　　　　　　B. 减少出血

C. 抑制宫缩　　　　　　　　　D. 期待疗法,等待自然分娩

E. 纠正休克,及时终止妊娠

15. 重度胎盘早剥患者的护理措施**不正确**的是

A. 卧床休息,减少刺激,保证充足睡眠

B. 为终止妊娠做准备

C. 预防产后出血

D. 严密观察有无凝血功能障碍或急性肾衰竭的表现

E. 做好产褥期的各项护理

16. 先兆流产与难免流产的主要鉴别点是

A. 阴道出血量　　　　　　　B. 腹痛程度　　　　　　　C. 宫口是否开大

D. 尿妊娠试验　　　　　　　E. 子宫大小

17. 羊水过多但仍为正常胎儿者,正确的处理方法是

A. 缩宫素引产

B. 立即剖宫产

C. 胎吸引产

D. 应根据羊水过多的程度与胎龄决定处理方法

E. 顺其自然,无需处理

18. 羊水过多的孕妇,容易并发

A. 贫血　　　　　　　　　　B. 妊娠期高血压疾病　　　C. 心脏病

D. 糖尿病　　　　　　　　　E. 病毒性肝炎

19. 疑为输卵管妊娠内出血的病人,简单可靠的诊断方法是

A. 腹腔镜检查　　　　　　　B. 阴道后穹隆穿刺术　　　C. 超声检查

D. 子宫内膜检查　　　　　　E. 妊娠试验

20. 重度妊娠期高血压疾病时,眼底小动脉痉挛,动、静脉比例可由正常的2:3变为

A. 1:2　　　　　　　　　　B. 1:5　　　　　　　　　C. 2:1

D. 2:5　　　　　　　　　　E. 2:7

21. 关于流产的治疗原则,下列选项中错误的是

A. 难免流产应行刮宫术

B. 不全流产应行刮宫术

C. 病人自述有组织物从阴道内排出,但阴道流血未见减少,应行刮宫术

D. 感染性流产出血不多,应抗感染及刮宫同时进行

E. 子宫内口松弛者,应在妊娠16～22周时行子宫颈内口缝扎术

22. 关于习惯性流产,下列选项中错误的是

A. 每次流产往往发生在相同妊娠月份

B. 临床过程和一般流产相同

C. 自然流产连续发生二次或以上者

D. 病因之一与染色体异常有关

E. 晚期习惯性流产常因宫口松弛引起

23. 不是胎盘早期剥离的并发症的是

A. 失血性休克　　　　　　　B. 产后出血　　　　　　　C. 胎位异常

D. 凝血功能障碍　　　　　　E. 急性肾功能衰竭

24. 有关宫外孕,下述选项中正确的是

A. 以间质部妊娠最常见   B. 一般子宫增大情况与停经天数相符

C. 子宫内膜也发生蜕膜变化   D. 阴道流血多,易致失血性休克

E. 阴道后穹隆穿刺阴性可排除宫外孕

25. 关于子痫,下述选项中**不对**的是

A. 大多数子痫病人抽搐前有头痛、胸闷、视力障碍及呕吐等前驱症状

B. 子痫的发生以产前期为最多见

C. 抽搐频繁,昏迷不醒大多病情严重

D. 终止妊娠是治疗子痫最根本的方法,一旦分娩后子痫就不再发生

E. 子痫发作时易致自伤及胎儿窘迫

26. 疑前置胎盘病人,下列选项中处理**错误**的是

A. 入院观察   B. 查血常规   C. 做好输血准备

D. 申请超声波检查   E. 肛诊检查

27. 下列情况中**不是**重度胎盘早剥临床表现的是

A. 剧烈腹痛

B. 阴道出血量与全身症状不成正比

C. 子宫底升高

D. 子宫板状

E. 胎位、胎心清晰

28. 关于输卵管妊娠的诊断下列选项中**错误**的是

A. 有时没有停经史诊断仍可成立

B. 阴道后穹隆穿刺抽不出血液可排除异位妊娠

C. 阴道有蜕膜管型排出有助诊断

D. 输卵管妊娠破裂常有晕厥与休克

E. 盆腔检查时宫颈可有举痛

29. 关于羊水过多,下列选项中**错误**的是

A. 妊娠任何时期内,羊水量超过 2000ml 为羊水过多

B. 羊水过多易致宫缩乏力

C. 羊水过多易致胎位异常

D. 羊水过多合并神经管缺损时,羊水中 AFP 值明显升高

E. 羊水过多不易引起产后出血

30. 妊高征最常见的产科并发症是

A. 胎盘早剥   B. 急性肾功能衰竭   C. 妊高征性心脏病

D. 视网膜剥离   E. HELLP 综合征

A2 型题

1. 女性,未婚,有性生活史,停经 6 周,突发右侧下腹剧痛。尿妊娠试验弱阳性。妇科检查:子宫略大、较软,宫颈摇举痛,右侧附件区压痛明显、拒按。患者最可能的诊断是

A. 正常妊娠   B. 先兆流产   C. 前置胎盘

D. 胎盘早剥   E. 异位妊娠

2. 孕妇,妊娠 31 周,无痛性阴道流血 4 次。检查发现,胎心在正常范围,子宫无压痛,阴

道流血量少于月经量,正确的护理措施是

 A. 卧床休息,左侧卧位   B. 肛查,了解宫口有无开大

 C. 阴道检查   D. 缩宫素引产

 E. 立即剖宫产

3. 王女士,29 岁,孕 33 周,突然阴道流血如经量,无腹痛,若需确诊是否前置胎盘,应建议进行

 A. 腹部触诊   B. 阴道检查   C. B 超检查

 D. 血常规检查   E. 阴道后穹隆穿刺

4. 张女士,27 岁,孕 1 产 0,妊娠 33 周。跌倒后腹部剧烈疼痛,伴少量阴道流血来急诊。接诊护士检查:血压 90/60mmHg,脉搏 110 次/分,子宫大小如孕 35 周样,腹壁板硬、压痛明显,胎心 100 次/分。估计最可能诊断是

 A. 早产   B. 前置胎盘   C. 胎盘早剥

 D. 异位妊娠   E. 晚期先兆流产

5. 孕妇,妊娠 35 周,宫缩规律,间隔 5 ~ 6 分钟,持续约 40 秒,查宫颈管消退 80%,宫口扩张 3cm,诊断为

 A. 先兆临产   B. 早产临产   C. 假临产

 D. 足月临产   E. 生理性宫缩

6. 某孕妇已确诊为过期妊娠,医生决定给予终止妊娠,而孕妇和家属担心对胎儿不利而未同意,**不正确**的处理方法是

 A. 同意孕妇及家属意见,顺其自然 B. 配合治疗

 C. 观察病情   D. 解释过期妊娠对胎儿的危害

 E. 密切监测胎心

7. 初孕妇,孕 36 周,早孕时血压 90/60mmHg,现头痛,眼花伴视物不清 1 天,突然全身抽搐 1 次,急诊入院。查神志清,血压 140/100mmHg,LOA,胎心 148 次/分,无宫缩。下述处理中正确的是

 A. 静脉滴注硫酸镁同时行剖宫产

 B. 引产

 C. 积极治疗,24 小时内行剖宫产

 D. 积极控制抽搐,病情控制后 6 ~ 12 小时内终止妊娠

 E. 控制抽搐,稳定病情,至孕 37 周终止妊娠

8. 女,28 岁。停经 30 天后,腹痛伴阴道出血 10 天,量少,今起腹痛加重而就诊。β - HCG(+);妇检:阴道少许血染,宫颈剧痛(+),子宫正常大小,附件区触及边界不清之块状物,压痛(+)。你考虑她最可能患的疾病是

 A. 难免流产   B. 附件炎   C. 流产继发感染

 D. 输卵管妊娠   E. 卵巢囊肿继发感染

9. 经产妇,确诊为部分性前置胎盘,流血多。BP 90/60mmHg,宫口开大 4.0cm,胎头坐骨棘下 2.0cm,胎心尚好,胎膜未破,应在输血的同时行

 A. 人工破膜   B. 头皮钳

 C. 胎头吸引   D. 剖宫产

E. 臀位时,牵引胎足压迫止血

10. 初产妇重症胎盘早剥,宫口开大 4cm,最佳的处理方法是

A. 人工破膜加静脉滴注缩宫素   B. 剖宫产

C. 人工破膜后阴道助产   D. 静脉滴注缩宫素

E. 抗休克同时给予抗凝

（张　红　雷　蕴）

实训八

新生儿窒息救护训练

【学习目标】

1. 能独立做好新生儿复苏的准备工作。
2. 能独立完成新生儿初步复苏。
3. 能配合医生进行新生儿复苏。
4. 培养学生敏捷的反应能力及关爱生命的素质。

【护理评估】

1. 新生儿窒息原因评估。
2. 评估新生儿窒息的程度。
3. 评估环境。

【护理措施】

1. 目的
(1) 通过实施新生儿复苏,建立循环、呼吸功能。
(2) 降低新生儿死亡率。
(3) 降低新生儿因缺氧所致后遗症的发生率。
2. 操作步骤及评分标准

	操作步骤		操作要点	标准分
	操作前准备(10分)			
1	(1)患儿准备:将窒息的新生儿置于抢救台上,取仰卧位,头略向后仰。	可在其肩下垫一小薄被或毛巾,使之抬高2~2.5cm,使其颈部轻微仰伸。		3
	(2)环境准备:安静、整洁、温度适宜、光线明亮。	产房内温度24~26℃、湿度50%~60%,将红外线辐射抢救台面温度调至30~32℃。		2

54

续表

		操作步骤	操作要点	标准分
1	(3)用物准备:齐全。	远红外线辐射抢救台预热备用、复苏器或加压给氧装置、不同型号的面罩、婴儿喉镜(0号及1号镜片)、各种型号的气管插管电动吸引器(负压60~100mmHg)、各种型号的吸痰管、洗耳球、干毛巾等。		3
	(4)人员准备:分工有序。	产科医生、儿科医生、助产士及护士均到场。		2
2	操作步骤(90分)			
	(1)评估复苏环境。	产房温度、湿度是否适宜,光线是否充足及红外线辐射台台面温度是否适宜。		5
	(2)判断新生儿窒息程度。	了解产程进展,评估有无胎儿宫内窘迫、羊水性状及阴道助产情况,产前、产时用药史。对新生儿进行Apgar评分,判断窒息程度,评估有无导致新生儿窒息的并发症及合并症。		5
	(3)一般处理。	①保暖:胎儿娩出后如有窒息,将其置于30~32℃的抢救台上。	动作迅速,胎儿出生后15~20秒钟完成。	3
		②减少散热:胎儿娩出后用温热毛巾及时擦干体表的羊水及血迹,减少散热,维持肛温在36.5~37℃之间。		3
		③调整体位:取仰卧位,头略向后仰,可在肩下垫一小薄被或毛巾,使之抬高2~2.5cm,使颈部轻微仰伸。		4
	(4)清理呼吸道。	胎儿娩出后用挤压法清除口、鼻、咽部黏液及羊水,再用洗耳球吸出新生儿口、鼻、咽部黏液和羊水,先吸口腔再吸鼻腔。羊水黏稠,在喉镜下进行气管插管,吸净羊水、黏液、胎粪。		10
	(5)建立呼吸。	①刺激呼吸:在彻底清理呼吸道的基础上,可轻拍或轻弹足底,也可沿脊柱长轴按摩背部。	动作轻柔。	10

续表

		操作步骤	操作要点	标准分
2		②人工呼吸(注意:新生儿无呼吸或心率<100次/分时立即实施): 人工呼吸时每15~30秒查心率。心率>100次/分停止面罩气囊正压人工呼吸。无规律呼吸或心率<100次/分,需行气管插管正压通气。 A. 气囊面罩正压通气:复苏气囊接氧源,选择合适的面罩,以一手的拇、示指握住面罩,无名指固定,使之密闭于口鼻,防止漏气,另一手捏气囊。通气频率40~60次/分钟(如果与胸外心脏按压配合1:3),吸呼比1:2,压力以可见胸部起伏和听诊呼吸音正常为宜。 B. 口对口人工呼吸:将四层纱布置于新生儿口鼻上,一手托起新生儿颈部,另一手轻压上腹,以防气体进入胃内,然后对准新生儿口鼻部轻轻吹气。吹气时见到胸部稍隆起时将口离开,放在腹部的手轻压腹部,协助排气,这样一吹一压,每分钟30次,直到呼吸恢复。	A. 面罩密闭口鼻不要超过下颌或遮盖眼睛。 B. 吹起力度适度,氧流量及加压给氧的压力不要太大。	10
	(6)维持正常循环。胸外心脏按压。	①双拇指法:双拇指并排或重叠于患儿胸骨下1/3处,其余手指环绕胸廓托在后背。	按压的频率:120次/分;按压部位:胸骨下1/3处;按压深度:胸廓前后径的1/3。 放松过程中,手不离开胸壁。	10
		②中、示指法:使新生儿仰卧,用示、中指有节奏按压胸骨下1/3处,另一手或以硬垫支撑患儿的背部。		10
	(7)药物治疗。	建立静脉通道,遵医嘱给药。	注意药物的浓度及剂量。	5
	(8)评价。	复苏过程中随时评价新生儿的皮肤颜色、自主呼吸、心率、喉反射、肌张力,为确定进一步的抢救方法提供依据。	评价贯穿于整个复苏过程。	5
	(9)整理。	用物药品处理后归位。		5
	(10)记录。	记录抢救过程。		5

续表

操作步骤	操作要点	标准分
综合评分： 1. 用物准备：缺一项或不符合要求扣 1 分。 2. 仪表：要求衣帽、鞋、头发整洁并符合要求，戴口罩，指甲长短适宜，不符合标准扣 2 分。 3. 服务态度：操作中应注意保护产妇隐私，不符合要求扣 5 分。 4. 操作程序缺项或不符合要求按各项实际分值扣分。 5. 操作程序颠倒一处扣 1 分。 6. 违反操作原则的扣 5 分。 7. 严重违反操作原则的扣 10 分。		

【健康教育和注意事项】

1. 保持患儿安静，少搬动，左侧卧位。

2. 注意保暖。

3. 延迟喂奶。

4. 密切观察患儿的面色、呼吸及对刺激的反应。

5. 观察患儿远期表现，预防远期后遗症。

6. 指导家长学会康复的护理方法。

【实训评价】

1. 掌握了新生儿窒息救护的操作方法。

2. 能正确判断新生儿窒息的程度。

练 习 题

A1 型题

1. 下列选项中提示胎儿窘迫的是

A. 妊娠 37 周，胎动 12 小时 30 次

B. 头先露羊水中有胎粪，且胎心监护可见晚期减速

C. 胎儿头皮血 pH 值是 7.3

D. 胎心率 140 次/分钟

E. 胎心监护无减速

2. 急性胎儿窘迫最早出现的临床表现是

A. 胎动变快　　　　　　　B. 头位羊水颜色改变　　　　　C. 臀位羊水中混有胎粪

D. 胎心变慢　　　　　　　E. 胎动变慢

3. 胎儿窘迫的护理措施**错误**的是

A. 左侧卧位　　　　　　　　　　　　B. 静脉注射葡萄糖、维生素 C

C. 静滴缩宫素，加速产程　　　　　　D. 立即吸氧

E. 纠正酸中毒

4. 胎儿宫内窘迫的病因**不包括**

A. 产程延长　　　　　　　B. 妊娠期高血压疾病　　　　C. 母亲轻度贫血

D. 胎膜早破　　　　　　　E. 脐带打结

5. 下述选项中**不是**急性胎儿窘迫临床表现的是

A. 胎心 140 次/分钟　　　　B. 胎心 100 次/分钟　　　　C. 胎动频繁

D. 胎动减弱　　　　　　　E. 胎心低弱而不规律

6. 新生儿窒息的首要护理措施是

A. 药物治疗　　　　　　　B. 维持血液循环　　　　　　C. 建立呼吸

D. 保暖　　　　　　　　　E. 清理呼吸道

7. 属于新生儿重度窒息的表现是

A. 对外界刺激轻微反应　　　B. 呼吸表浅　　　　　　　　C. 皮肤苍白

D. 四肢稍屈　　　　　　　E. 心率 110 次/分

8. 手术产新生儿护理中**错误**的是

A. 严密观察呼吸、面色、哭声　　　　B. 头皮有破损局部涂 1% 龙胆紫

C. 头颅血肿早期可热敷　　　　　　　D. 常规每日肌内注射维生素 K$_1$

E. 保证营养和水分摄入

9. 有关新生儿窒息正确的是

A. 胎儿只有心跳无呼吸称新生儿窒息

B. 青紫窒息为重度窒息

C. 产时使用麻醉剂不可能造成新生儿窒息

D. 苍白窒息为轻度窒息

E. 苍白窒息全身皮肤苍白仅口唇呈暗紫色

10. 新生儿窒息复苏后护理,下列选项中**错误**的是

A. 保暖、静卧　　　　　　　　　　　B. 保持呼吸道通畅、继续给氧

C. 严密观察　　　　　　　　　　　　D. 早期哺乳

E. 预防感染和颅内出血

11. 鉴别新生儿头皮水肿及头颅血肿,下列选项中正确的是

A. 头颅血肿超越骨缝,且较广泛　　　B. 头颅血肿常在产后 2~3 天时出现

C. 胎头水肿不能超越骨缝　　　　　　D. 胎头水肿有波动感

E. 头颅血肿无波动感

12. 下列选项中**不是**新生儿头颅血肿特点的是

A. 出血部位在颅骨的骨膜下　　B. 娩出时已存在　　　　　　C. 血肿不超越颅缝

D. 产后 2~3 天出现　　　　　　E. 局部有波动感

13. 新生儿头颅血肿应选择的护理措施是

A. 静卧,密切观察　　　　　B. 热敷　　　　　　　　　　C. 穿刺抽血

D. 切开引流　　　　　　　　E. 揉挤

14. **不属于**新生儿骨折的临床表现是

A. 多见于锁骨　　　　　　　　　　　B. 多见于股骨

C. 可因助产士手法不当引起   D. 患儿啼哭

E. 局部肿胀

15. 胎儿宫内窘迫的基本病理变化是

A. 羊水污染   B. 代谢性酸中毒   C. 缺血、缺氧

D. 循环障碍   E. 呼吸障碍

16. 慢性胎儿宫内窘迫时,孕妇应取

A. 平卧位   B. 左侧卧位   C. 右侧卧位

D. 头高脚低位   E. 去枕平卧位

17. 下列关于急性胎儿宫内窘迫的护理措施,**错误**的是

A. 做好新生儿窒息抢救和复苏准备   B. 间断吸氧

C. 产妇取平卧位   D. 严密监测胎心变化

E. 尽快终止妊娠

18. 关于慢性胎儿宫内窘迫下列选项中**错误**的是

A. 主要发生在妊娠晚期

B. 常由胎盘功能减退引起

C. 主要表现为胎动减少

D. 最早表现是胎心率减慢

E. 孕晚期让孕妇每天进行胎动计数可及早发现

19. 下列选项中**不是**胎儿宫内窘迫护理诊断的是

A. 胎儿气体交换受损   B. 有新生儿窒息的危险   C. 产生焦虑、恐惧

D. 预感性悲哀   E. 胎儿有外伤的危险

20. 抢救新生儿窒息时对新生儿采取的体位是

A. 侧卧位,有利于呼吸道黏液排出

B. 半卧位,有利于呼吸道通畅

C. 仰卧位,头略后仰,颈部轻度后伸

D. 俯卧位

E. 仰卧位,头垫枕头

21. 新生儿窒息复苏心脏按压正确的部位

A. 胸骨上 1/2 处   B. 胸骨下 1/2 处   C. 胸骨上 1/3 处

D. 剑突下方   E. 胸骨体下 1/3 处

22. 针对新生儿复苏后护理,责任护士最主要的预期目标是

A. 能正常吸奶   B. 每天大小便正常   C. 恢复拥抱反射

D. 两侧瞳孔等大   E. 保持呼吸道通畅

23. 新生儿窒息**错误**的吸氧方法是

A. 出生后首先给予氧气吸入

B. 在呼吸道通畅的基础上吸氧

C. 吸氧时氧流量不宜过大

D. 严重者气管插管清理呼吸道后加压给氧

E. 复苏后吸氧至皮肤红润呼吸平稳

24. 对新生儿窒息的 ABCDE 复苏程序选项中不对的是

A. A- 清理呼吸道
B. B- 建立呼吸
C. C- 维持循环
D. D- 药物治疗
E. E- 吸氧

25. 新生儿抢救过程中要注意保暖,肛温应维持在

A. 30 ~ 32℃
B. 34 ~ 36℃
C. 36 ~ 36.5℃
D. 36.5 ~ 37℃
E. 37 ~ 38℃

A2 型题

1. 梁女士之子娩出后体检诊断"重度窒息"。得出这一诊断所采用最快捷、最简便的诊断方法是

A. 胎儿电子监护仪
B. 血清胎盘生乳素的测定
C. B 超
D. Apgar 评分法
E. 卵磷脂/鞘磷脂比值测定

2. 一新生儿出生时为头位难产,检查见锁骨处有骨摩擦音,局部红肿,患儿哭闹不止,该患儿最有可能为

A. 颅骨骨折
B. 锁骨骨折
C. 肱骨骨折
D. 股骨骨折
E. 胫骨骨折

3. 初产妇,临产 14 小时,宫口开全,胎头颅骨最低点在坐骨棘下 3cm,胎心率 100 次/分钟,首选的处理是

A. 等待自然分娩
B. 立即剖宫产
C. 缩宫素静脉点滴
D. 立即吸氧,进行阴道助产
E. 给予葡萄糖加维生素 C

4. 新生儿出生时无呼吸,心率小于 90 次/分,全身苍白,四肢瘫软,经清理呼吸道后的抢救措施是

A. 注射呼吸兴奋剂
B. 人工呼吸
C. 给氧
D. 气管插管加压给氧
E. 给予抗生素

A3 型题

(1 ~ 2 题共用题干)

足月新生儿,出生后 1 分钟,心率 70 次/分钟,呼吸弱而不规则,全身皮肤苍白,口唇青紫,四肢肌张力松弛,喉反射消失,Apgar 评分为 2 分。

1. 该患儿为

A. 正常新生儿
B. 轻度窒息
C. 青紫窒息
D. 重度窒息
E. 急性窒息

2. 首先应采取的抢救措施是

A. 给氧
B. 保暖
C. 清理呼吸道
D. 人工呼吸
E. 胸外心脏按压

(3 ~ 4 题共用题干)

经产妇,宫缩过强,给予杜冷丁后宫缩恢复正常,胎儿出生后清理呼吸道,呼吸建立,但呼吸不规律,心率 100/分钟,全身皮肤青紫,肌张力好,喉反射存在。

3. 可能的问题是

A. 新生儿颅内出血
B. 新生儿青紫窒息
C. 新生儿苍白窒息

D. 新生儿头颅血肿

E. 新生儿肺发育不良

4. 采取的护理措施**不妥**的是

A. 仰卧位休息

B. 减少搬动次数

C. 保持呼吸道通畅

D. 密切观察病情

E. 推迟哺乳时间

（徐元屏　雷　蕴）

异常分娩妇女的综合护理训练

一、胎头吸引术

【学习目标】

1. 能完成胎头吸引术的术前准备。
2. 熟悉胎头吸引术的步骤,配合医生完成该操作。
3. 能对行胎头吸引术妇女进行操作前后的护理。
4. 能对产妇及家属进行阴道助产术的健康指导与保健宣教,使产妇及家属了解手术相关知识及术后康复指导等。
5. 培养学生关心病人的态度与素质。

【护理评估】

1. 产妇的身体状况和产程进展情况。
2. 产妇心理-社会支持状况。
3. 高危因素的评估。
4. 产妇、操作者及用物准备情况。

【护理措施】

1. 目的
(1)胎头吸引术可缩短第二产程,避免产妇过度疲劳,减少对产妇的损伤。
(2)能尽快结束分娩,减轻或避免胎儿宫内窘迫,减少产伤的发生。
2. 操作步骤及评分标准

	操作步骤	操作要点	标准分
1	操作前准备(40 分)		
	(1)环境准备:室温至 24 ~ 26℃ 及湿度 50% ~ 60% ,必要时屏风遮挡产妇。 (2)用物准备:胎头吸引器 1 个,50ml 空针 1 个,止血钳 1 把,治疗巾 2 块,无菌纱布 4 块。氧气,新生儿吸引器 1 台,	准备充分。	5

续表

	操作步骤	操作要点	标准分
1	一次性吸引管 1 根,吸氧面罩 1 个,抢救药品等。 (3)护士准备:①素质要求,衣帽整洁、态度和蔼、语言流畅、面带微笑。②修剪指甲、洗净双手、戴口罩。		
	(4)向产妇自我介绍,安慰、鼓励产妇。	态度亲切,获得产妇及家属信任。	5
	(5)向产妇说明操作目的,解释大致步骤,以取得产妇积极配合。	语言通俗易懂。	5
	(6)核对产妇姓名、临产时间,了解产妇有无手术适应证和禁忌证。	避免遗漏。	5
	(7)常规消毒外阴,导尿排空膀胱,产妇取膀胱截石位,铺无菌巾,护士站在产妇两腿之间,常规做阴道检查,了解宫颈扩张情况、胎头双顶径位置、是否破膜。初产妇宜先行会阴切开术。	遵循无菌操作的原则。	10
	(8)根据胎方位确定胎心听诊区域,使用多普勒或胎心听筒记胎心 1min,仔细辨析胎心频率及强弱。	正确判断听诊位置,每次要听满 1 分钟。	10
2	操作步骤(40 分)		
	(1)放置吸引器:吸引器周围涂润滑油,术者左手示、中指下压阴道后壁,右手持吸引器沿阴道后壁放入,吸引器边缘紧贴胎头顶骨后部。检查吸引器四周,确定吸引器与胎头之间无阴道壁或宫颈软组织被夹于其中,调整吸引器横柄,使之与胎头矢状缝一致,作为旋转胎头的标志。	胎头吸引器要正确放置,避免夹住软组织。	10
	(2)抽吸空气形成负压:助手用 50ml 注射器或用电动吸引器慢慢抽出空气,形成负压并维持,一般用注射器抽出空气 150～180ml,也可用电动吸引器抽负压,使负压达 27～40kPa,用止血钳夹住橡皮管连接管,等待 2～3 分钟,使吸引器与胎头吸牢。	注意控制吸引器内负压适当,避免滑脱或胎儿受伤。	10
	(3)牵引:应在宫缩时进行,牵引应按产轴方向及分娩机制(分娩机转)进行,先协助胎头俯曲,枕部达耻骨联合下缘时,再逐渐向上牵引,使胎头逐渐仰伸娩出,如为枕后位或枕横位,可边旋转边牵引。	牵引手法要规范,用力适当。	10
	(4)取下吸引器:当胎头娩出阴道口时即可解除负压,取下吸引器,继续按正常分娩助产。在胎头娩出的过程中保护好会阴。	注意掌握取下胎头吸引器的时机、方法。	10

续表

	操作步骤	操作要点	标准分
3	术毕处理(20分)		
	(1)新生儿检查:协助处理新生儿,检查新生儿有无畸形、产伤等。	按手术产新生儿顺序处理。	5
	(2)整理:整理所用物品。	注意分类。	5
	(3)宣教:营养指导、休息与活动、术后注意事项。	语言通俗易懂。	5
	(4)熟练程度专业素质良好,训练有素;动作熟练、稳重、轻巧,行为举止优雅;心理护理及保健宣教有方,通俗易懂。		5

综合评分:

1. 用物准备:缺一项或不符合要求扣1分。

2. 仪表:要求衣帽、鞋、头发整洁并符合要求,戴口罩,指甲长短适宜,不符合标准扣2分。

3. 服务态度:操作中应注意保护产妇隐私,不符合要求扣5分。

4. 操作程序缺项或不符合要求按各项实际分值扣分。

5. 操作程序颠倒一处扣1分。

6. 违反操作原则的扣5分。

7. 严重违反操作原则的扣10分

【健康教育和注意事项】

1. **增加营养** 产妇在分娩的过程中体力消耗较大,产后应提供高能量、易消化、富含维生素及微量元素的饮食。

2. **注意休息** 产妇产后应卧床休息,消除疲劳,恢复体力。外阴若有伤口者向其指导应向伤口的对侧卧位休息。定时观察宫缩和阴道出血情况,谨防发生产后大出血。

3. 每天保持外阴清洁,便后及时清洗外阴,防止感染,同时观察伤口愈合情况。

4. 胎头吸引术牵拉时间不能过长,一般不超过20分钟。避免反复牵拉,操作时不得有漏气,以免滑脱;牵拉时用力要均匀;按正常胎头分娩机制辅助牵引;滑脱两次者应改为产钳助产。术毕检查宫颈和阴道,若阴道有裂伤者应立即缝合。

5. 观察胎儿有无产伤,如胎儿头皮血肿、头皮损伤及颅内出血的征象。

【实训评价】

1. 能完成胎头吸引术的术前准备及配合。

2. 能对产妇及家属进行胎头吸引术的健康指导与保健宣教,产妇及家属了解手术相关知识及术后康复指导等。

3. 对行胎头吸引术的妇女护理得当。

二、产钳助产术

【学习目标】

1. 能完成产钳助产术的术前准备。

2. 熟悉产钳助产术的步骤,配合医生完成该操作。

3. 能对行产钳助产术妇女进行操作前后的护理。

4. 能对产妇及家属进行产钳助产术的健康指导与保健宣教,使产妇及家属了解手术相关知识及术后康复指导等。

5. 培养学生关心病人的态度与素质。

【护理评估】

1. 评估产妇的身体状况和产程进展情况。

2. 评估产妇心理-社会支持状况。

3. 评估产妇有无产钳助产的高危因素。

4. 评估产妇、操作者及用物准备情况。

【护理措施】

1. 目的

(1)产钳助产术可缩短第二产程,避免产妇过度疲劳,减少对产妇的损伤。

(2)能尽快结束分娩,减轻或避免胎儿宫内窘迫,减少产伤的发生率。

2. 操作步骤及评分标准

操作步骤	操作要点	标准分
操作前准备(40分)		
1 (1)环境准备:室温 24～26℃,湿度 50%～60%,必要时屏风遮挡。 (2)用物准备:消毒产钳 1 把,治疗巾 2 块,无菌纱布 4 块。氧气,新生儿吸引器 1 台,一次性吸引管 1 根,吸氧面罩 1 个,抢救药品等。 (3)护士准备:①素质要求,衣帽整洁、态度和蔼、语言流畅、面带微笑。②修剪指甲、洗净双手、戴口罩。	准备充分。	5
(4)向产妇自我介绍,安慰、鼓励产妇。	态度亲切,信任度高。	5
(5)向产妇说明操作目的,解释大致步骤,以取得产妇积极配合。	语言通俗易懂。	5
(6)核对产妇姓名、临产时间,了解产妇有无手术适应证和禁忌证。	避免遗漏。	5

续表

	操作步骤	操作要点	标准分
1	(7)常规消毒外阴,导尿排空膀胱,产妇取膀胱截石位,铺无菌巾,护士站在产妇两腿之间,常规做阴道检查,了解宫颈扩张情况、胎头双顶径位置、是否破膜。初产妇宜先行会阴切开术。	遵循无菌操作的原则,注意顺序。	10
	(8)根据胎方位确定胎心听诊区域,使用多普勒或胎心听筒记胎心1min,仔细辨析胎心频率及强弱。	正确判断听诊位置,每次要听满1分钟。	10
2	操作步骤(40分)		
	(1)放置产钳:手术者以右手掌面四指伸入阴道后壁和胎头之间,左手持左叶产钳置胎头左侧,随后放右叶。 (2)合拢锁扣:一般情况下,右叶在上,左叶在下,两钳叶柄平行交叉,扣合锁扣,钳柄对合。如两钳叶放置适当,则锁扣很易吻合,钳柄也自然对合。	掌握产钳放置的方法。	10
	(3)检查:产钳扣合后,做阴道检查,钳叶与胎头之间应无产道软组织或脐带夹入,两钳叶应分别置于胎儿面颊部位,胎头矢状缝应位于两钳叶的中间。	检查产钳放置位置是否得当,避免夹住阴道软组织。	10
	(4)牵拉:在宫缩时合拢钳柄,向外、向下缓慢牵拉。当先露部着冠时,逐渐将钳柄上提,使胎头仰伸而娩出。	牵拉手法要规范,用力适当。	10
	(5)取下产钳:松解产钳,先取下位于上方的右叶,再取下位于下方的左叶,取下时应顺胎头慢慢滑出。	注意取产钳的时机和顺序。	10
3	术毕处理(20分)		
	(1)新生儿检查:协助处理新生儿,检查新生儿有无畸形、产伤等。	按手术产新生儿顺序处理。	5
	(2)整理:整理所用物品。	注意分类。	5
	(3)宣教:营养指导、休息与活动、术后注意事项。	语言通俗易懂。	5
	(4)熟练程度专业素质良好,训练有素;动作熟练、稳重、轻巧,行为举止优雅;心理护理及保健宣教有方,通俗易懂。		5

综合评分:

1. 用物准备:缺一项或不符合要求扣1分。

2. 仪表:要求衣帽、鞋、头发整洁并符合要求,戴口罩,指甲长短适宜,不符合标准扣2分。

3. 服务态度:操作中应注意保护产妇隐私,不符合要求扣5分。

4. 操作程序缺项或不符合要求按各项实际分值扣分。

5. 操作程序颠倒一处扣1分。

6. 违反操作原则的扣5分。

7. 严重违反操作原则的扣10分。

【健康教育和注意事项】

1. **增加营养** 产妇在分娩的过程中体力消耗较大,产后应提供高能量、易消化、富含维生素及微量元素的饮食。

2. **注意休息** 产妇产后应卧床休息,消除疲劳,恢复体力。若外阴有伤口者则应向伤口的对侧侧卧休息。

3. 定时观察宫缩和阴道出血情况,防止发生产后大出血。每天保持外阴清洁,便后及时清洁外阴,以防感染,并观察伤口愈合情况。

4. 术前会阴侧切切口适当延长。如产钳两叶放置正确一般易于扣合,若扣合困难或滑脱,应取出检查有无异常;再次重新放置产钳后,如再失败应考虑做剖宫产。要持续而缓缓加力,按杠杆原理沿产道中轴方向牵引,切忌左右摇摆。

5. 产后检查有无产道及胎儿损伤。术后再导尿和肛检,以观察有无膀胱、尿道或直肠的损伤,如有损伤应立即处理。

【实训评价】

1. 能完成产钳助产术的术前准备及操作配合。

2. 能对产妇及家属进行产钳助产术的健康指导与保健宣教,产妇及家属了解产钳助产术相关知识及术后康复指导。

3. 对行产钳助产术的妇女护理得当。

三、臀位助产术

【学习目标】

1. 能完成臀位助产术的术前准备。

2. 熟悉臀位助产术的步骤,配合医生完成该操作。

3. 能对臀位助产术妇女进行操作前后的护理。

4. 能对产妇及家属进行臀位助产术的健康指导与保健宣教,使产妇及家属了解手术相关知识及术后康复指导等。

5. 培养学生关心手术病人的态度与素质。

【护理评估】

1. 产妇的身体状况和产程进展情况。

2. 产妇心理-社会支持状况。

3. 高危因素的评估。

4. 产妇、操作者及用物准备情况。

【护理措施】

1. **目的**

(1)臀位助产术可帮助胎位异常的产妇完成分娩,避免子宫破裂,减少软产道的损伤。

（2）能缩短第二产程，避免胎儿宫内窘迫，减少胎儿产伤的发生。

2. 操作步骤及评分标准

	操作步骤	操作要点	标准分
1	**操作前准备（40分）**		
	（1）环境准备：室温至 24～26℃ 及湿度 50%～60%，必要时屏风遮挡产妇。 （2）用物准备： ①产包：弯盘1个，血管钳2把，巾钳4把，小镊子1把，持针器1把，缝合针3个（三角针1个，圆针大、中号各1个）。侧切剪单包。双层大包布1块，臀单1块，无菌隔离衣2件，裤腿2个，治疗巾4块，脐带卷1个。 ②抢救新生儿用物：吸引器1台，一次性吸引管1根，氧气、吸氧面罩1个，抢救药品。新生儿保暖用品。 （3）护士准备：①素质要求，衣帽整洁、态度和蔼、语言流畅、面带微笑。②修剪指甲、洗净双手、戴口罩。	准备充分，必要时准备好产钳。	5
	（4）向产妇自我介绍，安慰、鼓励产妇。	态度亲切，信任度高。	5
	（5）向产妇说明操作目的，解释大致步骤，以取得产妇积极配合。	语言通俗易懂。	5
	（6）核对产妇姓名、临产时间，了解产妇有无手术适应证和禁忌证。	避免遗漏。	5
	（7）常规消毒外阴，导尿排空膀胱，产妇取膀胱截石位，铺无菌巾，护士站在产妇两腿之间，常规做阴道检查，了解产道有无畸形，宫颈是否全，臀位类型，先露下降的情况。初产妇宜先行会阴切开术。	遵循无菌操作的原则，注意操作顺序。	10
	（8）根据胎方位确定胎心听诊区域，使用多普勒或胎心听筒记胎心1min，仔细辨析胎心频率及强弱。	正确判断听诊位置，每次要听满1分钟。	10
2	**操作步骤（40分）**		
	（1）消毒外阴之后，使用"堵"外阴方法：见胎儿下肢及臀部露于阴道口时，即用一消毒巾盖住阴道口，并用手堵住。每次宫缩时以手掌抵住，防止胎足早期脱出。这样反复宫缩可使胎臀下降，充分扩充阴道，直至产妇向下屏气强烈，手掌感到相当冲力时，即准备助产。	掌握好"堵"的方法和时间。	10
	（2）娩出臀部：待宫口开全，会阴膨起，胎儿粗隆间径已达坐骨棘以下，宫缩时逼近会阴时，做会阴切开。然后趁一次强宫缩时嘱产妇尽量用力，术者放手，胎臀及下肢即可顺利娩出。	把握娩出胎臀时机，保护脐带，避免受压。	10

续表

	操作步骤	操作要点	标准分
2	(3)娩出肩部及上肢:术者用治疗巾包住胎臀,双手拇指放在骶部,其余各指握持胎髋部,随着宫缩轻轻牵引并旋转,使骶部边下降边转至正前方,以利双肩进入骨盆入口。此时术者应注意双手勿握胎儿胸腹部,以免损伤内脏。并当脐部娩出时,将脐带轻轻向外拉出数厘米,以免继续牵引时过度牵拉。继续向外、向下牵引胎儿躯干的同时,缓慢将胎转转回原侧位,以使双肩径与骨盆出口前后径一致。于耻骨联合下可见腋窝时即可用下述方法之一娩出胎肩及上肢: ①旋转胎体法(骶右前为例):术者双手握住胎儿髋部,将胎体向逆时针的方向旋转,同时略向下牵引,使前肩及前臂自耻骨弓下娩出。再将胎体向顺时针方向旋转,将另一肩及上肢娩出。胎手上举者,也可用此法处理。 ②滑脱法:手术者右手握住胎儿双足,向前上方提起,使后肩显露于会阴部,左手示、中指伸入阴道内,按压后上肢肘部,使之自胎儿前胸滑出,然后将胎体放低,前肩及上肢由耻骨弓下方娩出。	操作手法规范,避免脐带受压。	10
	(4)娩出胎头:当胎肩及上肢全部娩出后,要及时将胎背转至前方,使胎头矢状缝与骨盆出口前后径一致,然后用下述两法之一娩出胎头: ①胎头枕骨达耻骨联合下时,将胎体向母亲腹部方向上举,甚至翻至耻骨联合上,胎头即可娩出。 ②Mauriceau 法,将胎体骑跨在术者左前臂上,同时术者左手中指伸入胎儿口中,上顶上腭,示指及无名指附于两侧上颌骨;术者右手中指压低胎头枕部使其俯屈,示指及无名指置于胎儿颈部两侧,先向下牵拉,同时助手在产妇下腹正中向下施以适当压力,使胎儿保持俯屈。当胎儿枕部低于耻骨弓下时,逐渐将胎体上举,以枕部为支点,使胎儿下颌、口、鼻、眼、额相继娩出。	必要时用产钳。	10
3	术毕处理(20分)		
	(1)新生儿检查:协助处理新生儿,检查新生儿有无畸形、产伤等。	按手术产新生儿顺序处理。	5
	(2)整理:整理所用物品。	注意分类。	5
	(3)宣教:营养指导、休息与活动、术后注意事项。	语言通俗易懂。	5
	(4)熟练程度专业素质良好,训练有素;动作熟练、稳重、轻巧,行为举止优雅;心理护理及保健宣教有方,通俗易懂。		5

续表

操作步骤	操作要点	标准分

综合评分：

1. 用物准备：缺一项或不符合要求扣 1 分。

2. 仪表：要求衣帽、鞋、头发整洁并符合要求，戴口罩，指甲长短适宜，不符合标准扣 2 分。

3. 服务态度：操作中应注意保护产妇隐私，不符合要求扣 5 分。

4. 操作程序缺项或不符合要求按各项实际分值扣分。

5. 操作程序颠倒一处扣 1 分。

6. 违反操作原则的扣 5 分。

7. 严重违反操作原则的扣 10 分

【健康教育和注意事项】

1. 提供高能量、高蛋白、高纤维素、富含微量元素的食物，多饮用营养价值高的汤类餐饮。

2. 定时观察宫缩及阴道出血情况，宫底高度变化，若宫缩不好立即按摩子宫，刺激收缩，再用缩宫素，避免产后大出血。保持外阴清洁，休息以侧卧位为佳，避免仰卧位导致子宫后倒。产后 3 个月可放置宫内避孕环。

3. **避免损伤**　臀位助产过程中，需按臀位分娩机制进行；牵引时用力要均匀，以防胎儿损伤。

4. 脐部娩出后，必须在 8 分钟内娩出胎儿，否则脐带受压时间过长，易导致胎儿窒息。

【实训评价】

1. 能完成臀位助产术的术前准备及操作配合。

2. 能对产妇及家属进行臀位助产术的健康指导与保健宣教，产妇及家属了解臀位助产术相关知识及术后康复指导等。

3. 对行臀位助产术的妇女护理得当。

练 习 题

A1 型题

1. 滞产是总产程

A. 超过 12 小时　　　　　B. 超过 24 小时　　　　　C. 超过 25 小时

D. 超过 2 小时　　　　　E. 超过 8 小时

2. 协调性子宫收缩乏力是

A. 子宫收缩无节律性　　　　　　　B. 子宫收缩无对称性

C. 子宫收缩无极性，子宫收缩间歇短　　　D. 子宫收缩特性存在，但收缩力弱

E. 以上都是

3. 骨盆入口正常，但中骨盆及骨盆出口狭窄，坐骨棘间径较短，坐骨结节间径小于 8cm，耻骨弓小于 90°，称

A. 均小骨盆　　　　　　　　B. 扁平骨盆　　　　　　　C. 漏斗骨盆

D. 横径狭小骨盆　　　　　　E. 畸形骨盆

4. 宫缩乏力,行人工破膜加速产程进展适用于

A. 臀位,宫口开大 3cm 以上　　　　B. 横位,宫口开大 2cm

C. 头先露,已衔接,宫口开大 4cm　　D. 头盆不称

E. 巨大胎儿

5. 关于应用催产素中的注意事项,下列正确的是

A. 专人守护,严密观察宫缩及胎心音

B. 用药后宫缩愈强效果愈好

C. 可用于不协调宫缩

D. 如出现胎儿窘迫,只要调整催产素的量即可

E. 使用缩宫素产妇血压升高可暂不处理

6. 下列选项中符合痉挛性狭窄环的临床表现是

A. 狭窄环多出现于子宫上下段交界处　　B. 狭窄环往往在胎儿最大部分

C. 宫缩时不影响先露下降　　　　　　　D. 是子宫先兆破裂的征象

E. 位置随宫缩而上升

7. 胎头吸引术主要用于

A. 胎儿不能经阴道分娩者　　　　　　B. 宫口未开全,胎头先露部未达阴道口者

C. 缩短第二产程　　　　　　　　　　D. 胎位不正,额先露及面先露者

E. 臀位分娩助产

8. 持续性枕后位的正确护理是

A. 嘱产妇朝胎肢方向侧卧,有利胎头旋转

B. 宫口未开全,嘱产妇向下用力

C. 协助医生多进行阴道检查

D. 可以多次地进行手转胎头

E. 选择恰当的分娩时机

9. 有关骨产道狭窄,正确的是

A. 胎头低于耻骨联合平面的为跨耻征阴性,显示骨盆入口狭窄

B. 骨盆入口狭窄是引起持续性枕横位的原因

C. 骨盆出口横径 + 后矢状径小于 15cm 可以试产

D. 身高低于 150cm 孕晚期悬垂腹、胎位异常,此种情况则应注意骨盆是否异常

E. 中骨盆平面狭窄不会影响胎头内旋转

10. 出现病理缩腹环最常见的情况是

A. 胎儿畸形　　　　　　　B. 子宫收缩乏力　　　　　C. 头盆不称

D. 臀位　　　　　　　　　E. 巨大儿

11. 使用催产素的禁忌以下哪项应**除外**

A. 胎儿窘迫　　　　　　　B. 宫缩乏力　　　　　　　C. 巨大儿

D. 胎儿脑积水　　　　　　E. 头盆不称

12. 关于协调性子宫收缩乏力,正确的是

A. 子宫收缩极性倒置
B. 易发生胎儿窘迫
C. 不宜静脉滴注缩宫素
D. 产程常延长
E. 不能人工破膜

13. 协调性子宫收缩乏力的临床表现以下哪项应**除外**

A. 有节律性
B. 有间歇性
C. 子宫下段收缩比宫底强
D. 宫缩达到高峰时子宫也不硬
E. 子宫收缩强度减弱

14. 关于急产可能造成的后果**不正确**的是

A. 会阴、阴道裂伤
B. 软产道组织受压缺血、坏死
C. 子宫颈裂伤
D. 新生儿颅内出血
E. 胎儿窘迫

15. 用胎头吸引器助产时,牵拉时间**不能**超过

A. 8 分钟
B. 10 分钟
C. 20 分钟
D. 30 分钟
E. 15 分钟

16. 下列诊断漏斗骨盆的标志哪项应**除外**

A. 坐骨棘间径小于 10cm
B. 坐骨结节间径小于 8cm
C. 耻骨弓角度小于 90 度
D. 骶耻外径小于 18cm
E. 坐骨结节间径与后矢状径之和小于 15cm

17. 处理不协调性子宫收缩乏力的首选措施是

A. 肌注大剂量盐酸哌替啶
B. 行人工破膜
C. 静脉滴注催产剂加强宫缩
D. 静脉补充能量
E. 穴位针灸

18. 初产妇第二产程延长是指第二产程超过

A. 1 小时
B. 1 小时 30 分钟
C. 2 小时
D. 3 小时
E. 50 分钟

19. 使用产钳助产术**不对**的是

A. 瘢痕子宫不适宜用力者
B. 新生儿易发生头皮血肿、颅内出血等
C. 使用胎头吸引器助产失败者
D. 骨盆狭窄,头盆不称者
E. 继发性宫缩乏力者

20. 臀位助产术时,胎儿脐部娩出后,必须娩出胎儿的时间是

A. 8 分钟
B. 10 分钟
C. 15 分钟
D. 20 分钟
E. 30 分钟

A4 型题

1~5 题共用答案

A. 总产程少于 3 小时者

B. 总产程超过 24 小时者

C. 宫口开大 3cm 至宫口开全超过 8 小时者

D. 宫口开全后初产妇超过 2 小时,经产妇超过 1 小时尚未分娩者

E. 从临产至宫口扩张 3cm,超过 16 小时者

1. 滞产是指

2. 潜伏期延长是指

3. 活跃期延长是指

4. 第二产程延长是指

5. 急产是指

（张家菊 耿 力）

产后出血产妇的救护配合

【学习目标】

1. 熟悉产后出血的止血措施、各种物品和手术的准备。
2. 熟悉腹壁按摩子宫法。
3. 熟悉软产道损伤缝合操作的各项护理配合。
4. 严格遵守无菌操作,动作轻柔、敏捷。

【护理评估】

1. 收集可能导致产后出血的相关病史。
2. **失血症状** 胎儿娩出后有大量的阴道流血和失血性休克。
3. **体征** 由于不同原因引起产后出血体征不同,出血时间、性质亦有差异。
(1)宫缩乏力:子宫轮廓不清、柔软、摸不到宫底。
(2)软产道裂伤:可见宫颈、阴道、会阴不同程度裂伤。
(3)胎盘因素:子宫下段狭窄导致胎盘滞留,胎盘胎膜不完整。
(4)凝血功能障碍:血液不凝固,注射部位针孔出血不止。

【护理措施】

预防产后出血,做好孕期保健工作,产时、产后严密观察产妇情况,防止出血。

(一)子宫收缩乏力性出血的处理

1. 按摩子宫止血法检查产妇膀胱充盈情况,必要时导尿。
(1)经腹按摩法:①左手在耻骨联合上缘向下按压使子宫上升。②右手置于子宫底部,拇指放于子宫前壁,其余4指放于子宫后壁。③双手做均匀有力的、有节律的按摩。④按摩过程中应间隔性地按压子宫底将宫腔内积血排出,以利于子宫收缩,有利于子宫收缩恢复正常。
(2)腹部-阴道双手按摩法:①术者一手握拳置于阴道前穹隆,顶住子宫前壁。②另一只手经腹部按压子宫后壁,使子宫前屈。③先挤压出宫腔内积血。④两手相对紧压子宫并做按摩。⑤有节律持续轻柔按摩15分钟,促进子宫收缩。⑥注意使用无菌技术。⑦应用宫缩剂配合按摩,以维持子宫处于良好收缩状态。

2. **纱布填塞宫腔法**
(1)常规消毒,洗手,戴手套。

(2)用灭菌纱布条在盛生理盐水的治疗碗中浸湿挤干。

(3)术者用一手在腹部固定宫底,用另一手或持卵圆钳将长 1~1.5cm、宽 6~8cm,4~6 层大纱条送入宫腔内,自宫底向外逐层填塞。

(4)填塞应均匀紧密,不留空隙,剩余的纱布条留于阴道内。

(5)填塞后,测量血压、脉搏等生命体征。

(6)24 小时后缓慢抽出纱布条,抽出前先注射宫缩剂。

(二) 宫颈裂伤、阴道裂伤缝合术

1. 常规消毒、铺巾。

2. 暴露宫颈,用两把卵圆钳并排钳夹宫颈前唇并向阴道口方向牵拉。

3. 顺时针方向,逐步移动卵圆钳,直视观察宫颈情况。

4. 发现裂伤后,用两钳固定,以肠线或可吸收线缝合,第一针从裂口顶端稍上方开始,做连续缝合,最后一针距宫颈外侧端 0.5cm 处止。

5. 阴道裂伤缝合需缝合超过裂口顶端,不留死腔,达到组织对合好,以及止血的效果。

(三) 人工剥离胎盘术

1. 产妇取膀胱截石位。

2. 严格无菌操作,重新消毒外阴,更换手套。

3. 导尿、排空膀胱。

4. 一手按住宫底,另一手沿脐带进入宫腔。

5. 顺胎盘面向下找到胎盘边缘与胎膜交界处,用四指并拢做锯状剥离,若胎盘已部分剥离则以手的尺侧从已剥离处开始寻找粘连部位,轻轻将胎盘与宫壁分离,切勿强行挖取。

6. 待整个胎盘剥离后,将胎盘握在手掌中取出。

7. 取残留胎盘困难时,可用大号刮匙清除。

(四) 迅速止血、纠正失血性休克及控制感染

【健康教育和注意事项】

1. 重视高危孕妇的产前检查,对有产后出血危险的孕产妇须及早纠正,择期住院待产。

2. 向产妇讲解正常分娩过程,教会产妇按摩子宫及会阴伤口自我护理知识。

3. 发现子宫复旧、恶露异常及时就诊;指导母乳喂养,促进子宫缩复,减少出血。

4. 科学饮食,合理安排休息与活动。服用纠正贫血的药物,增强机体防御力,促进机体早日康复。

5. 产后 6 周复查。

【实训评价】

1. 护士能正确进行产后出血的评估操作步骤。

2. 学会正确评估产妇生命体征、子宫收缩的情况。

3. 产妇情绪稳定,产妇及家属能积极配合治疗及护理。

练 习 题

A1 型题

1. 关于子宫下段破裂的临床表现,正确的是

A. 可见痉挛性狭窄环随宫缩上升

B. 产妇突感强烈腹痛,随之子宫收缩停止

C. 胎头拨露继而着冠

D. 胎体触及不清

E. 多伴有阴道多量鲜血流出

2. 导致子宫破裂的原因,**错误**的是

A. 胎先露下降受阻   B. 各种不适当的阴道助产手术

C. 急性羊水过多   D. 子宫壁瘢痕破裂

E. 宫缩剂使用不当

3. 先兆子宫破裂与重型胎盘早剥所共有的临床表现是

A. 伴有头盆不称   B. 剧烈腹痛

C. 子宫呈板状硬、不放松   D. 均有外伤史

E. 都伴有多量阴道流血

4. 病理缩复环,常见于

A. 羊水过多   B. 双胎   C. 胎盘早期剥离

D. 梗阻性难产   E. 巨大儿

5. 产后出血,最常见的原因是

A. 宫缩乏力   B. 胎盘胎膜残留

C. 胎盘植入   D. 软产道损伤

E. 凝血功能障碍

6. 产后出血,是指胎儿娩出后 24 小时内出血量超过

A. 200ml   B. 300ml   C. 400ml

D. 500ml   E. 600ml

7. 产后宫缩乏力性出血时的临床表现,正确的是

A. 胎儿娩出后即见血液不断流出

B. 血色暗红无凝块

C. 宫缩时出血量增多

D. 宫体软,轮廓不清

E. 胎盘未剥离前即出血不止,多伴有第三产程延长

8. 胎儿娩出后 5 分钟,产妇开始出现较多量活动性阴道出血,暗红色有血块,最可能的诊断是

A. 宫颈裂伤   B. 凝血功能障碍

C. 产后宫缩乏力   D. 胎盘部分剥离

E. 阴道静脉破裂

9. 有关子宫破裂,下述**错误**的是

A. 多数发生于分娩期

B. 初产妇发生率高于经产妇

C. 经产妇发生率高于初产妇

D. 多数分为先兆子宫破裂和子宫破裂两个阶段

E. 少数发生于妊娠晚期

10. 羊水栓塞第一个阶段休克一般发生于

A. 临床开始

B. 潜伏期开始

C. 第一产程末、第二产程宫缩较强时

D. 第二产程末

E. 活跃期开始

11. 下列**不属于**胎膜早破病因的是

A. 机械性刺激　　　　　　　　　B. 宫颈内口紧张

C. 羊膜腔内压力升高　　　　　　D. 胎膜发育不良

E. 下生殖道感染

12. 关于羊水栓塞的常见病因,**错误**的是

A. 前置胎盘　　　　B. 子宫颈裂伤　　　　C. 子宫收缩乏力

D. 胎盘早剥　　　　E. 胎膜早破

13. 下列预防羊水栓塞的护理措施中,**错误**的是

A. 加强产前检查

B. 中期引产者羊膜穿刺次数不应超过5次

C. 正确掌握催产素的使用方法,防止宫缩过强

D. 人工破膜宜在宫缩的间歇期

E. 及时发现前置胎盘、胎膜早剥等并发症并及时处理

14. 子宫收缩乏力占产后出血总数的

A. 100%　　　　B. 80%～90%　　　　C. 70%～80%

D. 60%～70%　　　　E. 50%～60%

15. 羊水栓塞的典型临床表现是

A. 休克,DIC引起的出血,急性肾衰竭

B. 急性肾衰竭,休克,DIC引起的出血

C. DIC引起的出血,急性肾衰竭,休克

D. 休克,急性肾衰竭,DIC引起的出血

E. DIC引起的出血,休克,急性肾衰竭

A2 型题

1. 某产妇,足月妊娠,临产16小时,伴有排尿困难,检查:宫底剑突下两横指,拒按,ROP位,胎心68次/分,宫口开大4cm,S-1.5cm,产瘤5cm×5cm×1.5cm,儿头塑形明显,宫缩间歇时,产妇呼痛不已,并于脐下2cm横指处见一凹陷,随宫缩逐渐上升,导尿可发现为肉眼血尿,此时诊断是

A. 子宫痉挛性狭窄环   B. 先兆子宫破裂
C. 高张性宫缩乏力   D. 低张性宫缩乏力
E. 子宫破裂

2. 初产妇孕 38 周。胎儿体重估计为 3800g,在人工破膜 + 催产素静脉点滴下,5 小时后宫口开大 9cm,脐下 2 指处出现病理缩复环,导尿后可见尿色为浅粉色,最适宜的处理为

A. 即停用催产素,等待自然分娩   B. 立即行产钳助产术
C. 立即行剖宫产术   D. 给予镇静剂后行阴道助产
E. 给予镇静剂后自然分娩

3. 26 岁,孕 3 产 0 孕 41 周,因臀位行臀牵引术,胎儿娩出后 5 分钟,突发阴道出血约为 400ml,检查血压 13.8/8.0kPa(100/60mmHg),脉搏 100 次/分,宫底脐平,此时最适宜的处理是

A. 静脉点滴催产素   B. 检查软产道有无损伤
C. 行人工剥离胎盘   D. 按摩子宫
E. 纱布填塞宫腔

4. 26 岁,孕 1 产 0 孕 29 周,胎动胎心消失一周入院,经人工破膜及催产素点滴娩出一死婴,即开始不断地阴道出血,经人工剥离胎盘及使用宫缩剂后仍无效果,出血不止,无凝血块,产后出血的原因可能是

A. 产后宫缩乏力   B. 软产道损伤
C. 子宫破裂   D. 凝血功能障碍
E. 子宫腔内感染

5. 32 岁,孕 3 产 1 孕 40 周,人工流产 2 次,产程进展顺利,胎儿娩出后已达 30 分钟,胎盘未娩出,亦无剥离现象,阴道无出血,最可能的原因是

A. 胎盘剥离不全   B. 胎盘剥离后滞留
C. 胎盘嵌顿   D. 胎盘完全植入
E. 胎盘部分性粘连

6. 26 岁,孕 1 产 0 孕 41 周,宫口开大 4~5cm 时,胎心听诊 120 次/分,胎心监测示:"晚期减速",胎儿头皮血 pH 值 7.16,最强恰当的处理是

A. 面罩吸氧提高胎儿血氧浓度
B. 产妇左侧卧位,观察产程,等待自然分娩
C. 静脉点滴催产素加速产程
D. 立即剖宫产
E. 待宫口开全,阴道助产缩短第二产程

7. 第一胎孕 41 周,头浮,试产 4 小时,宫缩 50 秒/2~3 分钟,胎心 132 次/分,突然阴道多量流水,清亮,儿头仍高浮,胎心 90 次/分,考虑可能为

A. 脐带过短   B. 脐带脱垂   C. 胎头受压
D. 脐带绕颈   E. 胎盘功能减退

8. 26 岁,孕 1 产 0 孕 37 周,破水 4 小时来急诊室,检查:血压 14/10kPa(110/75mmHg),儿头高浮,胎心 100 次/分,最适宜的处理是

A. 用平车推送病人入产房,即行阴道检查

B. 嘱孕妇自行办理入院手续

C. 吸氧、左侧卧位、急诊室观察

D. 立即行 B 超检查

E. 用平车推送病人到病房住院观察

9. 产妇,29 岁。产后 10 天,血性恶露持续 1 周后,反复阴道流血,导致该患者晚期产后出血最可能的原因是

　　A. 胎盘、胎膜残留　　　　　　B. 子宫胎盘附着面感染

　　C. 蜕膜残留　　　　　　　　　D. 子宫复旧不全

　　E. 剖宫产术后子宫伤口裂开

10. 产妇,28 岁,自然分娩一女婴,产后 3 小时出血约 800ml。为处理产后出血,使用宫腔填塞纱布条的情形是

　　A. 软产道裂伤

　　B. 胎盘因素导致的产后出血

　　C. 凝血功能障碍

　　D. 子宫全部松弛无力,缺乏输血条件,病情危重时

　　E. 按摩子宫无效时

A3 型题

(1~3 题共用题干)

某产妇双胎妊娠,产前合并有轻度妊娠期高血压疾病,产后阴道持续出血,胎儿娩出后 24 小时出血量达 600ml,检查子宫软,按摩后子宫变硬,阴道流血减少,该产妇诊断为产后出血。

1. 造成该产妇产后出血的最可能原因是

　　A. 子宫收缩乏力　　　B. 胎盘残留　　　　　C. 软产道裂伤

　　D. 凝血功能障碍　　　E. 胎膜残留

2. 该产妇给药首选

　　A. 麦角新碱　　　　　B. 硫酸镁　　　　　　C. 缩宫素

　　D. 维生素 K　　　　　E. 酚磺乙胺

3. 该产妇**最不可能**出现的护理问题是

　　A. 有组织灌注量改变的危险　　　B. 有感染的危险

　　C. 疲乏　　　　　　　　　　　　D. 有受伤的危险

　　E. 焦虑

(程　琳　雷　蕴)

实训十一

妇科检查及常用特殊检查
诊疗技术的护理配合

【学习目标】

1. 熟悉双合诊、三合诊、窥阴器的检查方法。
2. 熟悉诊断性刮宫、阴道后穹隆穿刺、腹腔镜检查的护理配合。
3. 能对病人及家属进行健康指导与保健宣教。
4. 培养学生关心病人的态度与素质。

一、常 用 检 查

【检查内容】

1. 窥阴器检查。
2. 双合诊检查。
3. 三合诊检查。

【护理评估】

1. **收集病人资料**　采用询问、听取、阅读、观察及检查等。
2. **病史内容**
(1)一般内容:姓名、性别、年龄、民族、住址等。
(2)主述:列举主要症状及病程。
(3)现病史:包括疾病的发生发展及变化全过程。
(4)月经史:书写初潮年龄、经期、周期。
(5)婚育史:足月产次-早产次-流产次-现存子女数。
(6)既往史:既往健康状况、曾患的疾病。
(7)个人史:包括生活起居、出生地、个人嗜好等。
(8)家庭史:家庭成员健康状况。
3. **外阴部评估**
(1)外阴局部病变:注意阴阜和大阴唇上阴毛的分布及其特征。会阴皮肤黏膜是否完整有无破损,有无色泽变化,是否长有泡疹、溃疡、脓疮、疣状赘生物或其他新生物。

(2)会阴部结构异常:对会阴结构进行系统评估。注意阴蒂的大小和形状。大阴唇和小阴唇的任何不规则、不对称或异常也要注意并详细描述。

①小阴唇:柔软否,有无硬结、增厚。

②尿道:分开两侧小阴唇,观察尿道外口,用中指按压触诊尿道,以检查尿道旁腺是否有形态不规则或炎症。

③大阴唇:有无水肿、硬结,尤其触诊大阴唇的下1/3。

④阴道壁、宫颈:将阴唇分开,检查阴道开口处,注意有无阴道前、后壁膨出和子宫、膀胱尿道、直肠脱垂,宫颈有可能看到,提示子宫脱垂可能;而囊状鼓起有肠疝可能。

【检查方法】

1. 窥阴器检查

根据病人不同年龄和阴道大小及松弛度的情况选择合适型号的窥阴器。窥阴器上可选择蘸无菌石蜡油、0.5%活力碘溶液润滑检查,若需同时进行阴道分泌物或宫颈检查者,则选择生理盐水,以免取样标本受影响。将窥阴器前后两叶闭合后,左手的拇指和示指分开病人小阴唇,右手持窥阴器将两叶与阴道口垂直中线呈45度夹角,紧贴阴道后壁,缓慢置入阴道达宫颈,旋转窥阴器使得两叶均呈水平,打开前后叶分别置于阴道顶部的前后穹隆内,暴露宫颈,再次旋转窥阴器,暴露显示阴道各壁。取出时将窥阴器两叶合拢后退出。

2. 双合诊检查

(1)子宫检查:检查时应戴无菌手套一手放置在病人腹部耻骨联合上方;另一手示指和中指伸入阴道内,达阴道后穹隆处,向前上方抬举宫颈从而使子宫往腹部的手上靠,通过内外同时协调,此时子宫在两手之间,要用指腹感知进行检查,可以检查宫颈有无摇举痛;子宫的位置、大小、外形、质地、活动度,有无压痛、接触性出血,宫颈外口情况等。正常非妊娠状态下子宫是有腔壁厚的肌性器官,呈前后略扁的倒置梨形,重50~70g。子宫增大可以用具体数值或与正常妊娠周数子宫大小进行比较后描述。根据宫体纵轴与身体纵轴的关系,子宫的位置分为前倾(宫体朝向耻骨联合)、中位(宫体与身体纵轴平行)、后倾(宫体朝向骶骨)。根据宫体与宫颈的夹角关系,子宫又有前、后屈之分。子宫通常呈梨形,表面光滑,如不规则时提示子宫肌瘤的可能。活动度通常较好,活动度下降意味着可能存在粘连固定。子宫有韧性,而坚硬饱满则意味着病变。

(2)附件检查:检查时阴道内手的示指和中指尽可能深入置于宫颈后方阴道侧穹隆,尽量靠近盆腔要检查的附件。另一手置于髂前上棘水平开始,然后向阴道内手指靠近,向上向下按压腹壁,此过程中双手指要尽量对合压以扪及附件。正常输卵管不可扪及,扪及略有酸胀感。记录附件区有无增厚、条索状物、包块、压痛,包块的大小、形状、质地、边界、活动度等。

3. 三合诊检查

经直肠、阴道、腹部联合进行检查。在完成经阴道双合诊后,中指置入直肠内,示指继续置于阴道后穹隆,需要两手指互相配合,也需要另一手置于腹部配合,经腹部、阴道、直肠联合检查。用示指和中指检查后倾后屈子宫大小、形状、质地等;检查直肠阴道隔,注意是否有增厚或包块;检查直肠子宫陷凹和子宫骶韧带,该韧带的增厚或存在硬结提示炎症反应或子宫内膜异位症的可能;检查直肠内有无病变。

【健康教育和注意事项】

1. 指导病人于检查前排空膀胱。病人取合适的检查体位。一人一器械一垫巾,检查后检查者及时洗手,预防交叉感染。

2. 检查动作应轻柔,要有保护病人隐私的措施。

3. 如检查者为男性,应请另一名女性医护人员在场,减轻病人的紧张不适感。

4. 若病人无性生活史,若非征得病人同意,禁使用窥阴器及双合诊等检查。

5. 嘱病人按时复诊。术后 2 周内(宫颈活组织检查者要求 1 个月)内禁性生活及盆浴,保持外阴清洁,防止逆行感染,按医嘱服用抗生素预防感染。腹痛或出血多时及时就诊。

二、特殊检查

诊断性刮宫

【操作方法】

排尿后取膀胱截石位,消毒外阴、阴道与宫颈,做双合诊,确定子宫大小,暴露宫颈及宫颈管,钳夹宫颈前唇和后唇,用子宫探针测定宫腔的深度。阴道后穹隆置盐水纱布一块,然后用小刮匙沿宫腔四壁、宫底及两侧角有秩序地刮除全部内膜,刮出物均送病检。

【护理评估】

评估病人的身心状态,是否焦虑不安;评估病人的健康状况,必要时做好急救的准备。

【护理措施】

1. 术前安慰病人,向其解释诊断性刮宫的目的,缓解其紧张的情绪。备好物品,同时遵医嘱做好备血、静脉输液的准备。

2. 术中密切观察病人生命体征,同时给予病人心理支持,通过播放音乐,教其深呼吸,转移注意力等方式来缓解患者疼痛感,必要时遵医嘱给予止痛药。

3. 协助医生挑选可疑病变组织并固定,做好记录及时送检。

4. 术后遵医嘱给予抗生素治疗,指导病人保持会阴部清洁,2 周内禁止性生活及盆浴。

【健康教育和注意事项】

1. 指导病人刮宫前 5 天禁止性生活,如为了解卵巢功能,刮宫前至少停用性激素 1 个月,以免影响结果。

2. 不孕症病人应在月经前期或月经来潮 12 小时内刮宫,以判断有无排卵;功能失调性子宫出血病人,若怀疑是子宫内膜增生者,应选择月经前 1～2 日或月经来潮 24 小时内刮宫;若疑为子宫内膜不规则脱落,应选择月经第 5～6 日刮宫。刮宫后指导病人避免生冷饮食,2周内禁止性生活及盆浴。并注意保持会阴部清洁。

3. 指导病人1周后复查。

4. 注意保护病人隐私,操作动作要轻柔。

5. 若病人有急性阴道炎、急性宫颈炎、急性附件炎等急性炎症,术前体温 >37.5℃则不宜诊刮。

阴道后穹隆穿刺术

【操作方法】

病人取膀胱截石位并排空膀胱,消毒外阴,铺无菌巾。用窥阴器暴露宫颈及后穹隆部位。用宫颈钳钳夹宫颈后唇,充分暴露后穹隆。用穿刺针头在阴道后穹隆中央或者偏向病侧离阴道后壁与宫颈后唇稍下方平行宫颈管刺入,刺入有落空感立即抽吸。抽吸结束拔针。

【护理评估】

评估病人的身心状态,是否焦虑不安;评估病人的健康状况,必要时做好急救的准备。

【护理措施】

1. 术前安慰病人,向其做好解释工作,取得病人的配合。

2. 术中倾听病人的主诉,密切观察病人的生命体征。

3. 指导病人深呼吸,缓解疼痛感,并禁止移动身体,避免引起直肠、子宫的误伤。

4. 术后注意观察病人阴道出血情况。

【健康教育和注意事项】

1. 术后指导病人半卧位休息,注意保持会阴部清洁,避免感染。

2. 操作动作要轻柔。

3. 抽吸完,穿刺点有出血,应局部压迫无出血后再取出窥阴器。若误入直肠者,应立即拔出针头,协助医生重新消毒,更换注射器。术后遵医嘱给予抗生素治疗。

腹腔镜检查

【操作方法】

麻醉后消毒腹部皮肤和外阴阴道后,放举宫器,将气腹针穿刺进入腹腔,注入 CO_2 气体,将腹腔镜插入腹腔,打开冷光源慢慢检查盆腔内各器官。此项检查主要以医生操作为主,护士做好术中配合及护理。

【护理评估】

1. 评估病人的身心状态,是否焦虑不安。

2. 协助评估病人有无腹腔镜检查的适应证。

【护理措施】

1. 向病人介绍腹腔镜检查的目的及意义,取得病人的配合。

2. 术前 1 日做好饮食、肠道准备及备皮准备。

3. 术日留置导尿管。

4. 术中配合医生操作。

5. 术后遵医嘱拔除导尿管,并观察病人小便自解情况。观察病人生命体征及穿刺点有无渗血、渗液、红肿等情况。

6. 遵医嘱给予抗炎治疗。

【健康教育和注意事项】

1. 病人肩痛及上腹不适等症状是由于腹腔内残留气体刺激所致,并随着活动会逐渐缓解。术后当日指导病人进食半流质,次日可进普通饮食。

2. 指导病人术后 2 周避免性生活。

3. 注意无菌操作,检查结束,妥善包扎固定穿刺点。

练 习 题

A1 型题

1. 下列描述三合诊正确的是

A. B 超、阴道、腹部检查　　　　　　B. 直肠、腹部、B 超

C. B 超、阴道镜、直肠检查　　　　　D. B 超、阴道镜、腹部检查

E. 腹部、阴道、直肠联合检查

2. 关于末次月经的缩写正确的是

A. LMP　　　　　B. MP　　　　　C. PMP

D. LNP　　　　　E. GPT

3. 在妇科检查的时候,如果宫体是朝向耻骨的,那么子宫呈

A. 后屈位　　　　B. 前倾位　　　　C. 后倾位

D. 前屈位　　　　E. 水平位

4. 盆腔检查结果的记录顺序是

A. 外阴、阴道、子宫颈、子宫、附件　　B. 子宫颈、外阴、阴道、子宫、附件

C. 附件、外阴、阴道、子宫颈、子宫　　D. 阴道、外阴、子宫颈、子宫、附件

E. 子宫、外阴、阴道、子宫颈、附件

5. 下列有关妇科检查前病人准备**不正确**的是

A. 做好解释工作　　　　　　　　　B. 协助病人取侧卧位

C. 嘱病人排尿　　　　　　　　　　D. 铺好干净的垫单

E. 准备好消毒的检查器械

6. 有关妇科检查的注意事项描述**不正确**的是

A. 检查时应认真、严格、仔细

B. 未婚妇女禁止使用窥阴器

C. 男医生进行妇科检查,必须有其他医务人员在场

D. 防止交叉感染

E. 检查前应导尿

7. 宫颈活检的标本应放入某种溶液中,该溶液是

A. 75% 乙醇   B. 3% 氢氧化钠   C. 生理盐水

D. 福尔马林   E. 0.5% 活力碘

8. 为了了解已婚女性的子宫及附件情况,应做的检查是

A. 双合诊检查   B. 直肠-腹部诊检查

C. 阴道窥器检查   D. 外阴检查

E. 三合诊检查

9. 双合诊能检查到的部位有

A. 子宫附件情况   B. 阴道深度

C. 宫颈软硬度   D. 子宫大小形状

E. 以上均能

10. 未婚女子的妇科检查时要采用

A. 阴道窥器检查   B. 双合诊

C. 直肠-腹部诊   D. 三合诊

E. 以上都可以

11. 关于阴道裂伤外阴护理,错误的是

A. 使用消毒会阴垫   B. 每次大便后会阴擦洗 1 次

C. 患侧卧位   D. 每日检查会阴伤口

E. 勤换内裤

12. 分段诊刮描述错误的是

A. 术后注意保持外阴清洁,2 周内禁止性生活及盆浴

B. 不孕症病人应在月经完后 3 天内刮宫,以判断有无排卵

C. 术前 5 天禁止性生活

D. 术后需服用抗生素

E. 宫颈管和宫腔刮出物分别送病检

13. 关于腹腔镜检查正确的是

A. 是确诊子宫内膜异位的金标准   B. 合并膈疝者也可使用

C. 不能协助诊断原因不明的盆腔痛   D. 妊娠大于 16 周者可以使用

E. 人工气腹使用 NO_2 气体

14. 分段诊刮的顺序正确的是

A. 先刮宫颈内口,后刮宫颈外口   B. 先刮宫腔,后刮宫颈管

C. 先刮宫颈外口,后刮宫颈内   D. 先刮宫颈管,后刮宫腔

E. 以上都可以

15. 关于腹腔镜描述错误的是

A. 对盆腔进行检查   B. 用发热光源照射

C. 向腹腔内充二氧化碳气体   D. 插入腹腔镜

E. 建立人工气腹

A2 型题

1. 某一孕 39 周 + 剖宫产术后 24 小时的产妇,作为责任护士,你指导该产妇采取的体位是
   A. 去枕平卧位　　　　　B. 左侧卧位　　　　　C. 右侧卧位
   D. 自由体位　　　　　　E. 半卧位

2. 28 岁已婚女性,婚后 3 年未避孕未孕,为判断其有无排卵,拟行诊断性刮宫术,手术日期应选择为
   A. 月经前期或月经来潮 12 小时内　　　　B. 月经来潮第 1 天
   C. 月经来潮第 3 天　　　　　　　　　　D. 月经来潮第 6 天
   E. 月经期刚结束

3. 32 岁已婚女性,孕 39 周 + 自然分娩,为该病人行会阴侧切后,缝合伤口后,你认为最重要的处理是
   A. 给予抗生素抗感染　　　　B. 给予止血药止血
   C. 纱布覆盖消毒　　　　　　D. 行肛门指检
   E. 导尿

4. 56 岁妇女,绝经后 3 年,阴道间断不规则出血 3 月余,B 超提示子宫内膜不规则增生,为该病人行诊刮术,你认为以下说法**不正确**的是
   A. 手术后建议病人卧床休息 2 小时,观察病人生命体征
   B. 给予抗生素抗炎治疗
   C. 指导病人保持会阴部清洁
   D. 告知病人术后可能会有少量阴道出血,一般为 10 天左右,勤换内裤
   E. 使用卫生护垫

5. 49 岁女病人,间断接触性出血半年余。行妇科检查发现其有宫颈糜烂Ⅰ度单纯型,宫颈刮片为不典型鳞状上皮细胞,性质不定。你认为该病人进一步应做的是
   A. 宫颈锥切术　　　　　B. 腹腔镜检查　　　　　C. 诊刮术
   D. 宫腔镜检查　　　　　E. 阴道镜检查

6. 48 岁女性,近 2 年月经不规律,你认为最适合该病人的避孕措施是
   A. 输卵管结扎术　　　　B. 口服避孕药　　　　　C. 安全套
   D. 安全期避孕　　　　　E. 宫内节育器

7. 28 岁已婚女性,近 2 年内无生育计划,平素月经规律,因工作原因,生活无规律,你认为最适宜该病人的避孕措施是
   A. 阴茎套　　　　　　　B. 口服避孕药　　　　　C. 宫内节育器
   D. 安全期避孕　　　　　E. 输卵管结扎术

8. 25 岁女性,婚后 2 年未避孕未孕,曾在婚前有流产刮宫史,因其经常便秘,拟为该病人做子宫输卵管造影检查前,为其做灌肠准备的原因你认为是
   A. 减轻病人的不适感　　　　　B. 保持子宫的正常生理位置
   C. 便于置入宫颈导管　　　　　D. 便于术野清晰
   E. 预防肠穿孔

9. 25 岁继发不孕女病人前来就诊,以下选项中,该病人**不适宜**做输卵管通液术的情

形是

A. 阴道炎症治疗中　　　　　　　　B. 慢性盆腔炎

C. 术前腋温 37℃　　　　　　　　　D. 肺结核病史

E. 月经期结束 3 天

10. 37 岁女性,孕 3 产 1,以下选项中,该病人**不适宜**做诊断性刮宫术的情形是

A. 功血　　　　　B. 子宫内膜不典型增生　　　C. 盆腔炎

D. 继发不孕　　　E. 子宫内膜炎

11. 33 岁女性,孕 39 周,行剖宫产术,术后 24 小时仍觉伤口疼痛,你认为对该产妇的指导**不正确**的是

A. 必要时使用止痛剂

B. 与产妇交谈分散其注意力

C. 注意卧床休息避免活动以免伤口拉扯痛

D. 腹部绑腹带缓解疼痛

E. 起床时注意保护伤口

12. 24 岁女性病人,停经 46 天,自查尿 HCG(＋),阴道不规则出血 10 天余,伴左下腹疼痛加剧半天,来院就诊突发左下腹疼痛加剧继而面无血色晕厥不醒,浑身湿冷,血压 78/40mmHg,心率 120 次/分,你认为该病人应立即采取的措施是

A. 腹腔镜探查术　　　　　　　　B. 行阴道后穹隆穿刺

C. B 超检查　　　　　　　　　　D. 心电图

E. 腹部平片

13. 51 岁女性病人,月经紊乱,经量增多半年,为其做诊刮术,病理报告为子宫内膜腺瘤型增长过长,你认为最适宜该患者的治疗是

A. 放疗　　　　　B. 化疗　　　　　　C. 雄激素周期治疗

D. 子宫切除术　　E. 雄、雌激素联合治疗

14. 24 岁女性,因左输卵管妊娠,在全麻腹腔镜下行左输卵管切除术,关于该病人的并发症你认为**不可能**的是

A. 血管误伤　　　B. 膀胱误伤　　　　C. 膈肌脓肿

D. 皮下气肿　　　E. 气栓

15. 27 岁女性,孕 3 产 0,人流术后半年未来月经,怀疑宫腔粘连,拟做宫腔镜检查,为该病人进行的术前准备你认为**不合理**的是

A. 术前安慰病人,缓解其紧张情绪　　B. 术前备皮

C. 术前导尿　　　　　　　　　　　　D. 取膀胱截石位

E. 5% 葡萄糖进行宫腔灌注

（耿　力　万盈璐）

实训十二

腹部手术病人的护理

【学习目标】

1. 熟悉各项术前准备。
2. 熟悉接手术的步骤,完成术后各项操作及护理。
3. 能对病人及家属进行手术前后健康指导与保健宣教,使病人了解手术相关知识及术后康复指导等知识。
4. 培养学生关心手术病人的态度与素质。

【护理评估】

术前评估

1. 神志、面色、表情、营养状况、精神变化及睡眠情况。
2. 日常活动的耐受水平,有无合并症如糖尿病、高血压、肾病等。
3. 心理状况。
4. 皮肤完整性。
5. 生命体征、有无感染的症状和体征。

术后评估

1. 手术方式和麻醉方式。
2. 神志、面容、生命体征、有无感染的症状和体征。
3. 各种管道的通畅情况、引流液的性质、量及颜色。
4. 皮肤完整性。
5. 伤口情况,有无渗血、渗液。
6. 阴道出血情况,性质、量、颜色及伴随症状。
7. 出入量的平衡情况。
8. 疼痛程度。
9. 手术并发症。

【护理措施】

手术前的准备及护理

1. **心理支持** 护士用通俗易懂的方式告知病人术前准备的项目及目的,各种检查的地点、手术的流程,术前术后的注意事项。应运用专业的知识,用通俗易懂的方式使病人正确认识手术,并告知手术后容易出现的并发症及一些特殊情况,例如卵巢切除后会出现绝经期的症状,通过各种方式如健康教育处方等让病人充满信心,积极面对,配合治疗。

2. **积极处理术前合并症**　合并糖尿病、高血压、贫血及营养不良等疾病时,应积极控制血糖、血压,纠正贫血症状及营养不良;指导病人床上使用便器,术后应深呼吸、有效的咳嗽、床上翻身、四肢运动及缩肛运动等。同时得到家属的理解、支持及配合。

3. **阴道准备**　根据手术方式选择术前3日行阴道擦洗,防止术后感染。

4. **皮肤准备**　备皮范围为上至剑突下,下至双侧大腿上 1/3 处及会阴部,两侧至腋中线。行腹腔镜手术者同时应清理脐孔。

5. **消化道准备**　术前8小时禁食,4小时禁饮。根据手术需求行普通灌肠,涉及肠道手术的病人,术前3日进少渣饮食,遵医嘱口服肠道抗生素。术前日晚及术晨行灌肠。

6. **镇静剂的使用**可减轻病人的焦虑情绪,术前日晚给予适量镇静剂,并观察用药后的睡眠情况。

7. **手术当日术前**　根据医嘱为病人留置尿管,严格遵守无菌操作,动作轻柔,必要时行阴道擦洗。术前半小时给予基础麻醉药物如苯巴比妥和阿托品等,缓解病人紧张,减少腺体分泌。

8. **其他**　协助更换衣物,取下活动义齿及首饰交给家属保管。接手术病人时,与手术室护士做好核对工作,交接无误后在病人交接记录单上签字。根据病人手术方式及麻醉种类准备好麻醉床及术后监护用具。

手术后的护理

1. **与手术室护士、麻醉师对手术病人进行交接**　核对病人相关信息,了解病人手术情况,包括麻醉方式、手术方式、术中情况、目前生命体征等。

2. **病情观察**

(1)严密监测病人生命体征变化:根据病情选择给氧浓度,定时巡视,观察并做好记录,一般术后每 15~30 分钟观察一次,病情稳定后改为 4 小时一次,持续 24 小时后病情稳定者改为每日四次。

(2)切口护理:观察各类切口有无渗血、渗液,发现异常及时通知医生。腹部切口使用沙袋压迫伤口 6~8 小时,必要时使用腹带加压包扎。

(3)管道护理:保持各种管道(输液管道、尿管、腹腔引流管、输尿管导管等)的通畅,观察引流液的性质、量及性状,并妥善固定。术后根据病情拔除引流管。尿管留置时间一般为12~24 小时,广泛全子宫切除术的病人术后留置尿管时间为 7~14 天。尿管拔除后 4~6小时督促病人自解小便,防止尿潴留。

(4)阴道分泌物:对于子宫全切术后、子宫肌瘤切除术后的病人,应密切观察阴道出血及分泌物情况,以判断伤口愈合情况和子宫收缩情况。

3. **体位**　全身麻醉的病人头偏向一侧,避免呕吐物堵塞呼吸道;蛛网膜下腔麻醉者去枕平卧 12 小时;硬膜外麻醉者去枕平卧 6~8 小时。

4. **疼痛**　对于疼痛不能耐受的病人术后可考虑使用镇痛泵,或根据医嘱使用哌替啶(杜冷丁)等药物镇痛。

5. **饮食**　手术范围不涉及肠道的术后病人术后 6 小时可进流质饮食,通气后逐步转为半流质、软食,避免牛奶、甜食等胀气食物。涉及肠道手术的病人根据医嘱暂禁食,使用肠外营养。

6. **活动**　术后 6~8 小时移除切口压迫的沙袋后应及时协助并指导病人床上翻身,鼓励术后病人早期下床活动,避免压疮及下肢深静脉血栓形成。术后活动应适量,避免增加腹内压,引起盆腔充血。对于全子宫切除术后的病人应控制活动量,防止术后盆底组织松弛。

7. **术后并发症的护理**

(1)腹胀:术后腹胀多由术中肠管受到激惹,肠蠕动减弱引起,通常术后 48 小时恢复,术后应指导并协助病人尽早活动如床上翻身、下床活动等。

(2)泌尿系统感染:鼓励拔除尿管病人及早解小便,避免尿潴留;留置尿管病人每日行会阴擦洗并更换尿袋,保持会阴部清洁,并在拔管前定时夹闭尿管训练膀胱恢复收缩力。合并阴道出血的病人除清洗会阴部外,更应及时更换污染的会阴垫,防止盆腔感染。

(3)切口愈合不良:当术后切口出血多、压痛明显、肿胀且有波动感时考虑为切口血肿,极易引起切口感染,进而愈合不良。应及时通知医生进行换药、必要时进行二期缝合。

(4)术后腹腔内活动性出血:术后病人每小时尿量少于 30ml/h、短时间内腹腔引流液过多,血压进行性下降、脉搏细数者,考虑腹腔内出血,应及时通知医生处理。

(5)下肢深静脉血栓:术后病人因长时间卧床血液循环速度减慢,加上手术中电凝止血,血液呈高凝状态,极易发生下肢深静脉血栓,表现为下肢疼痛、肿胀。术后应协助并指导病人尽早活动,促进血液循环。如已发生血栓,遵医嘱使用溶栓及抗凝药,病人患肢抬高制动,避免血栓脱落。

【健康教育和注意事项】

1. 指导病人进营养丰富、清淡易消化的饮食,避免生冷、辛辣刺激的食物,防止腹泻或便秘。保持切口干燥清洁,防止感染。

2. **出院健康教育**　指导病人适当活动,特别是全子宫切除术后的病人,避免盆底组织松弛。避免增加腹内压,引起盆腔充血的各种运动,如久蹲、久站等。根据病情禁止盆浴及性生活,全子宫切除术后病人为三个月,防止阴道残端伤口感染。出现阴道异常出血、分泌物增多及腹痛应及时就医。定期随访。

【实训评价】

1. 护士能正确执行术前术后的各项护理操作。
2. 护士能为围术期病人提供与病情相关的健康指导。

练 习 题

A1 型题

1. 与子宫肌瘤发病关系密切的因素是

A. 性生活紊乱　　　　　B. 高血压　　　　　　　C. 糖尿病

D. 雌激素持续刺激　　　E. 饮食因素

2. 下列子宫肌瘤的选项中,与经血量较多关系密切的是

A. 肌瘤的大小　　　　　　　　　　　B. 肌瘤的数目

C. 肌瘤生长的部位　　　　　　　　　D. 肌瘤与子宫肌层的关系

E. 肌瘤的变性程度

3. 子宫内膜癌好发于

A. 幼女期　　　　　　　B. 青春期　　　　　　　C. 性成熟期

D. 老年期　　　　　　　E. 任何年龄

4. 子宫内膜癌最常见的类型是

A. 腺癌　　　　　　　　B. 透明细胞癌　　　　　　C. 鳞癌

D. 未分化癌　　　　　　E. 小细胞癌

5. 女性生殖器恶性肿瘤中死亡率最高的是

A. 子宫颈癌　　　　　　B. 子宫内膜癌　　　　　　C. 卵巢癌

D. 输卵管癌　　　　　　E. 外阴癌

6. 正常宫颈上皮为

A. 鳞状上皮　　　　　　　　　　　　B. 柱状上皮

C. 化生的鳞状上皮　　　　　　　　　D. 化生的鳞状上皮和柱状上皮组成

E. 鳞状上皮和柱状上皮组成

7. 确诊早期宫颈癌的依据是

A. 白带多,性交后偶有出血性白带　　B. 阴道镜检查

C. 宫颈刮片细胞学检查　　　　　　　D. 妇科检查

E. B 超

8. 以下选项中,不是宫颈癌发病因素的是

A. 性生活紊乱的妇女　　　　　　　　B. 早婚早育者

C. HPV 感染　　　　　　　　　　　　D. 宫颈炎激光治疗后

E. 与高危男子有性接触者

9. 子宫颈癌的常见转移途径是

A. 淋巴转移和直接蔓延　　　　　　　B. 血行转移和直接蔓延

C. 直接蔓延和种植转移　　　　　　　D. 腹腔种植和淋巴转移

E. 腹膜种植和血行转移

10. 子宫颈癌根治术后的病人留置尿管的时间通常为

A. 1 ~ 2 天　　　　　　B. 2 ~ 3 天　　　　　　C. 5 ~ 6 天

D. 7 ~ 14 天　　　　　E. 2 周以后

11. 以下选项中,不是卵巢肿瘤常见并发症的是

A. 恶变　　　　　　　　B. 破裂　　　　　　　　C. 蒂扭转

D. 流产　　　　　　　　E. 感染

12. 有关于卵巢肿瘤的概念,以下选项中错误的是

A. 可伴腹水　　　　　　　　　　　　B. 年长者居多

C. 与消化道恶性肿瘤无关　　　　　　D. 实性者恶性居多

E. 有时需要与子宫肌瘤进行鉴别

13. 手术前一日的术前准备不包括的是

A. 备皮　　　　　　　　B. 备血　　　　　　　　C. 灌肠

D. 导尿　　　　　　　　　E. 皮试

14. 卵巢囊肿蒂扭转的常见症状是

A. 急性腹痛　　　　　　　B. 发热　　　　　　　　C. 呕吐

D. 头晕　　　　　　　　　E. 盆腔肿块缩小

15. 腹部手术术后并发症**不包括**的是

A. 腹胀　　　　　　　　　　　　B. 泌尿系统感染

C. 切口愈合不良　　　　　　　　D. 下肢静脉血栓

E. 急性呼吸道感染

A2 型题

1. 55 岁妇女,绝经 5 年,近 3 个月阴道水样白带,近半月出现阴道间断少量流血,查宫颈光滑,宫体稍大且软,附件未扪及。确诊的主要依据是

A. 进行宫腔镜检查　　　　　　　B. 进行碘试验和阴道镜检查

C. 进行 B 型超声检查　　　　　　D. 诊刮物活组织检查

E. CT 检查

2. 37 岁产妇,平时月经周期规律,经量中等,经期 3~4 日,体检发现子宫肌瘤。来院咨询子宫肌瘤是否必须手术,医师回答中**错误**的是

A. 子宫肌瘤大于妊娠 2.5 个月应手术

B. 肌瘤伴经量过多致贫血应手术

C. 肌瘤引起压迫症状应手术

D. 已有子女为防恶变一经确诊肌瘤应手术

E. B 超检查为多发性子宫肌瘤

3. 18 岁少女,2 小时前突然发生左下腹部剧烈疼痛,恶心呕吐 2 次,体温 37.4℃。肛查:子宫左侧有拳头大、能稍活动、触痛明显的肿块。本病例最可能的诊断是

A. 输卵管结核　　　　　　　　　B. 卵巢子宫内膜异位囊肿破裂

C. 子宫浆膜下肌瘤扭转　　　　　D. 卵巢肿瘤蒂扭转

E. 卵巢肿瘤合并感染

4. 56 岁妇女,绝经 5 年,阴道浆液血性分泌物伴臭味 4 个月。查宫颈正常大、光滑,子宫稍大稍软,最可能的诊断是

A. 子宫肌瘤　　　　　　B. 宫颈癌　　　　　　　C. 卵巢肿瘤

D. 子宫内膜癌　　　　　E. 输卵管炎

5. 40 岁妇女,自诉患宫颈糜烂多年,近 2 个月有性交后白带中带血。为了确诊,本病例最佳的辅助检查方法是

A. 宫颈刮片细胞学检查　　　　　B. 肿瘤固有荧光诊断法

C. 宫颈阴道镜检查及碘试验　　　D. 宫颈及宫颈管活组织检查

E. 阴道分泌物细胞学检查

6. 53 岁妇女,绝经 4 年,近 20 日再现阴道流血。查子宫稍大稍软。为进一步确诊,下列辅助检查方法中最有诊断价值的是

A. B 超　　　　　　　　　　　　B. 胸部 X 线摄片

C. 分段刮宫活组织检查　　　　　D. 刮取子宫内膜病理检查

E. 阴道后穹隆穿刺

7. 14岁少女,无意中扪及右下腹有一肿块物。今晨排便后突然发生右下腹剧痛伴恶心呕吐,体温37.3℃。检查右下腹部确有一压痛明显肿块,压痛,向下按压,压痛更甚,该患者最可能的诊断是

A. 子宫浆膜下肌瘤扭转　　　　　B. 盆腔炎包块

C. 卵巢肿瘤合并感染　　　　　　D. 卵巢肿瘤蒂扭转

E. 输卵管炎

8. 王女士,30岁,已婚,既往月经规则,量正常。妇科普查时发现子宫增大如妊娠6周大小,质硬,双附件区无明显异常,B超示:子宫肌瘤。针对该病人正确的处理是

A. 行全子宫及双附件切除术　　　B. 行子宫肌瘤切除术

C. 使用孕激素治疗　　　　　　　D. 随访观察

E. 行子宫次全切除术

9. 李女士,36岁,妇科普查中发现左侧附件有5cm×5.5cm×7cm的实性包块,表面高低不平,活动度差,B超提示盆腔积液。入院择期手术。护士在进行术前健康教育时,下列选项中**不正确**的是

A. 评估病人焦虑的程度以及应对压力的技巧

B. 讲解卵巢癌的疾病相关知识

C. 耐心解答病人的疑问

D. 鼓励家属参与照顾病人,增强家庭成员互动

E. 协助病人完成各项检查和治疗

10. 李女士,28岁,孕2产0,宫内妊娠20周,合并子宫壁间肌瘤。主诉下腹痛7天,合并低热,无阴道流血,白细胞9×10⁹/L,中性白细胞占60%,最可能的诊断是

A. 子宫肌瘤合并感染　　　　　　B. 子宫肌瘤红色变性

C. 子宫肌瘤囊性变　　　　　　　D. 子宫肌瘤蒂扭转

E. 妊娠合并阑尾炎

11. 44岁妇女,临床诊断为宫颈鳞状上皮癌ⅠB期,手术应选

A. 宫颈锥切术　　　　　　　　　B. 全子宫切除术

C. 广泛性全子宫切除术　　　　　D. 次广泛全子宫切除术

E. 广泛性全子宫切除术＋盆腔淋巴结清扫术

12. 28岁已婚未孕妇女,诊断为双侧卵巢癌,行剖腹探查,术中见子宫大小正常,双侧卵巢均为手拳大,囊性包膜完整,冰冻切片均为良性囊性畸胎瘤,恰当的处理应是

A. 双侧附件切除术　　　　　　　B. 双侧卵巢切除

C. 双侧卵巢肿瘤摘除术　　　　　D. 全子宫切除＋双侧附件切除术

E. 全子宫切除＋双侧附件＋大网膜切除

13. 病人杨某,32岁,孕2产0,主诉13岁月经来潮,量中等,周期正常,无痛经。但是自从第二次人工流产后出现痛经,而且逐渐加重,现在无法忍受,必须注射杜冷丁方能缓解,妇科检查:子宫后位固定,直肠子宫陷凹触痛明显。估计该病人的诊断是

A. 子宫内膜异位症　　　　　　　B. 子宫内膜炎

C. 原发性痛经　　　　　　　　　D. 继发性痛经

E. 盆腔炎

14. 李女士,35 岁,痛经进行性加重 3 年,盆腔检查时扪及盆腔内有触痛性结节,可通过以下某项检查最后确诊,该检查是

A. B 型超声检查　　　　　　　B. CA125 值测定

C. 腹腔镜检查　　　　　　　　D. CT 扫描

E. 输卵管碘油造影

15. 李某,45 岁,因患子宫肌瘤拟行全子宫切除手术,术前 3 日应做的护理准备是

A. 皮肤准备　　　B. 阴道准备　　　C. 进少量软食

D. 清洁灌肠　　　E. 留置导尿管

（万盈璐　耿　力）

实训十三

计划生育妇女的护理

一、宫内节育器放置、取出术

【学习目标】

1. 掌握放置、取出宫内节育器适应证、禁忌证及注意事项。
2. 掌握放置、取出宫内节育器的术前准备及护理配合。
3. 会利用模型进行放置、取出宫内节育器。
4. 增强无菌观念,培养严谨细致的工作作风。

【护理评估】

1. 询问年龄、婚育史、月经状况、末次月经干净时间,是否愿意放环等。近期有无全身及生殖器官急性疾病史,过去有无严重心、肝、肾疾病及血液病史。
2. 测体温,做全身体格检查及妇科检查。
3. 检查血常规,血小板计数,肝、肾功能。

【护理措施】

1. 目的
(1)能进行放置、取出宫内节育器术前准备及护理配合。
(2)会利用模型进行放置、取出宫内节育器。
2. 操作步骤及评分标准

	操作步骤	操作要点	标准分
1	操作前准备(15 分)		
	(1)环境准备:关好门窗,室温调至 24～26℃,屏风遮挡。	注意保护病人隐私。	2
	(2)用物准备:阴道窥器 1 个,宫颈钳 1 把,子宫探针 1 个,卵圆钳 2 把,放环器 1 个,剪刀 1 把,弯盘 1 个,洞巾 1 块,无菌手套 1 副,棉球若干,节育器 1 个,0.5% 聚维酮碘液。		8
	(3)护士准备:术者穿清洁工作服,戴帽子、口罩,常规洗手后戴手套。	遵守医院感染控制要求。	5

95

	操作步骤	操作要点	标准分
2	操作过程(65 分)		
	(1)外阴常规消毒: 先用肥皂水擦洗外阴,顺序从上至下,从外至内,即阴阜→两腿内侧上 1/3→大阴唇→小阴唇→会阴→肛门周围。 再用灭菌清水冲洗干净,纱布擦净。 最后 0.1% 苯扎溴铵溶液或 0.2% 碘伏溶液消毒,顺序从上至下,从内至外,即阴道→小阴唇→大阴唇→阴阜→两腿内侧上 1/3→会阴→肛门周围。	遵循无菌操作原则。	15
	(2)铺巾:套腿套、垫治疗巾、铺孔巾。	遵循无菌操作原则。	5
	(3)行双合诊检查:核实子宫的大小、位置及附件情况。		8
	(4)暴露、钳夹宫颈:窥阴器扩开阴道,暴露宫颈,拭净宫颈阴道分泌物。用宫颈钳钳夹宫颈前唇,左手持宫颈钳水平向外牵拉,使宫颈与宫体之间角度拉平。		5
	(5)消毒宫颈管:用长棉签取 2.5% 碘酊消毒宫颈管及宫颈,再涂以 75% 酒精。		5
	(6)探测宫腔:右手持子宫探针沿子宫方向缓慢进入宫腔,探清子宫腔的深度,取出探针。		5
	(7)扩张宫颈:根据宫颈口的松紧和选用节育器的种类与大小,决定是否扩张宫颈口。		5
	(8)放置节育器:用放环器将节育器送入宫腔达底部,带尾丝的在宫颈口外 2cm 处剪断尾丝。 (取出节育环:有尾丝者,用血管钳夹住后轻轻牵引取出,无尾丝者,先用子宫探针探查清节育环位置,再用取环钩或长钳牵引取出。)		15
	(9)结束手术:取下宫颈钳和窥阴器。		2
3	术后处理(20 分)		
	(1)术后观察:协助受术者在观察室休息并观察。		5
	(2)整理:整理所有物品。		5
	(3)宣教:术后健康指导。	语言通俗易懂。	10

综合评价

1. 用物准备:缺一项或不符合要求扣 1 分。

2. 仪表:要求衣帽、鞋、头发整洁并符合要求,戴口罩,指甲长短适宜,不符合标准扣 2 分。

3. 服务态度:操作中应注意保护产妇隐私,不符合要求扣 5 分。

4. 操作程序缺项或不符合要求按各项实际分值扣分。

5. 操作程序颠倒一处扣 1 分。

6. 违反操作原则的扣 5 分。

7. 严重违反操作原则的扣 10 分。

【健康教育和注意事项】

（一）宫内节育器放置术

1. 术后休息 3 天,避免重体力劳动 1 天。

2. 术后 2 周内禁止性生活及盆浴,保持外阴清洁。

3. 术后 3 个月内每次月经期或排便时注意有无节育器脱落。

4. 术后 3 个月、6 个月、12 个月各复查 1 次,以后每年复查 1 次。

5. 术后可能有少量阴道出血及下腹不适,若发热、下腹痛及阴道流血量多时,应随时就诊。

（二）宫内节育器取出术

1. 术后休息 1 天。

2. 术后 2 周内禁止性生活和盆浴,保持外阴清洁。

【实训评价】

1. 学生能进行放置、取出宫内节育器术前准备及护理配合。

2. 学生会利用模型进行放置、取出宫内节育器的手术操作。

二、人工流产术

【学习目标】

1. 掌握人工流产术的适应证、禁忌证及注意事项。

2. 掌握人工流产术的术前准备及护理配合。

3. 增强无菌观念,培养严谨细致的工作作风。

【护理评估】

1. 受术者停经时间、生育史及既往史。

2. 测量生命体征;双合诊检查、尿 HCG 检查、B 超检查进一步明确早期宫内妊娠诊断。

3. 血常规、出凝血时间检查、白带常规检查。

【护理措施】

1. 目的　能进行人工流产术术前准备及护理配合。

2. 操作步骤及评分标准

	操作步骤	操作要点	标准分
1	操作前准备(10 分)		
	(1)环境准备:关好门窗,室温调至 24～26℃,屏风遮挡。	注意保护病人隐私。	2

续表

	操作步骤	操作要点	标准分
1	（2）用物准备： 消毒用物：无菌碗、温肥皂水、温开水、冲洗筒（或冲洗壶）、0.1%苯扎溴铵溶液或0.2%碘伏消毒溶液、75%酒精、2.5%碘酊、消毒钳（或镊）2把、长棉签、消毒纱布、棉球若干、污物桶。 无菌手术包：弯盘1个、无菌巾1块、孔巾1块、窥阴器1个、宫颈钳1把、长镊1把、宫颈扩张器一套、探针1把、吸管一套、橡皮管、小号刮匙1把。 人工流产电动吸引器：一般常用400～500mmHg。		5
	（3）护士准备：术者穿清洁工作服，戴帽子、口罩，常规洗手后戴手套。	遵守医院感染控制要求。	3
2	操作过程（75分）		
	（1）外阴常规消毒： 先用肥皂水擦洗外阴，顺序从上至下，从外至内，即阴阜→两腿内侧上1/3→大阴唇→小阴唇→会阴→肛门周围。 再用灭菌清水冲洗干净，纱布擦净。 最后0.1%苯扎溴铵溶液或0.2%碘伏溶液消毒，顺序从上至下，从内至外，即阴道→小阴唇→大阴唇→阴阜→两腿内侧上1/3→会阴→肛门周围。	遵循无菌操作原则。	5
	（2）铺巾：套腿套、垫治疗巾、铺孔巾。	遵循无菌操作原则。	5
	（3）行双合诊检查：核实子宫的大小、位置及附件情况。		5
	（4）暴露、钳夹宫颈：窥阴器扩开阴道，暴露宫颈，拭净宫颈阴道分泌物。用宫颈钳钳夹宫颈前唇，左手持宫颈钳水平向外牵拉，使宫颈与宫体之间角度拉平。		3
	（5）消毒宫颈管：用长棉签取2.5%碘酊消毒宫颈管及宫颈，再涂以75%酒精。		5
	（6）探测宫腔：右手持子宫探针沿子宫方向缓慢进入宫腔，探清子宫腔的深度，取出探针。		3
	（7）扩张宫颈：右手拇、示、中指以执笔式用腕力持宫颈扩张器中下1/3处，循子宫屈度方向，从5号开始逐号扩张宫颈口，不可跳号，以越过宫颈内口为宜。扩张程度比所用吸管大1/2～1号。	注意用力要均匀，切忌强行进入宫腔，以免发生宫颈内口损伤或用力过猛发生子宫破裂。	3
	（8）选择吸管及负压：根据妊娠天数选择适当的吸管和负压。	所用负压不宜超过500mmHg。	5

续表

操作步骤	操作要点	标准分
(9)连接负压装置:将吸管用无菌硬橡皮管连接到负压瓶或电动吸引器上,沿子宫腔方向轻轻将吸管送入子宫底部,稍许退后。		5
(10)负压吸宫:松开吸管或开动电动吸引器开始吸引。转动吸管寻找胎胚着床部位,将吸管顺时针或逆时针方向旋转,上下移动,吸净宫腔内容物。		10
(11)取出吸管:当感觉子宫壁由光滑变为粗糙并可听到沙沙声,子宫腔缩小,出现少量血性泡沫时,表示已吸净,折叠压紧橡皮管,取出吸管。吸管进出宫颈管必须关闭负压。	吸管进出宫颈管必须关闭负压。	5
(12)刮净宫腔:用小刮匙轻轻绕宫腔刮一周。	特别注意两侧宫角及宫底部。	10
(13)复测宫腔:子宫探针复测宫腔深度。		3
(14)结束手术:纱布拭净阴道内血迹,取下宫颈钳和窥阴器。		3
(15)检查吸出物:滤过吸出物,仔细检查有无绒毛及胚胎组织,与妊娠月份是否相符,必要时送病理检查。		5

2 对应上述步骤 (9)~(15)

	术后处理(15 分)		
3	(1)术后观察:协助受术者在观察室休息并观察生命体征、阴道出血、腹痛等。		5
	(2)整理:整理所有物品。		5
	(3)宣教:术后健康指导。	语言通俗易懂。	5

综合评价

1. 用物准备:缺一项或不符合要求扣 1 分。
2. 仪表:要求衣帽、鞋、头发整洁并符合要求,戴口罩,指甲长短适宜,不符合标准扣 2 分。
3. 服务态度:操作中应注意保护产妇隐私,不符合要求扣 5 分。
4. 操作程序缺项或不符合要求按各项实际分值扣分。
5. 操作程序颠倒一处扣 1 分。
6. 违反操作原则的扣 5 分。
7. 严重违反操作原则的扣 10 分。

【健康教育和注意事项】

1. 术中指导受术者运用深呼吸减轻不适。
2. 术后应在观察室卧床休息 1 小时,注意观察腹痛及阴道出血情况。

3. 嘱受术者保持外阴清洁,1 个月内禁止性生活及盆浴,预防感染。

4. 术后休息 3 周,若有腹痛及阴道出血增多,随时就诊。

【实训评价】

护生能进行人工流产术术前准备及护理配合。

练 习 题

A1 型题

1. 我国妇女最常用的节育方法是

A. 药物避免　　　　　B. 宫内节育器　　　　　C. 男性阴茎套

D. 阴道隔膜　　　　　E. 输卵管结扎

2. 下列避孕方法中效果最好的是

A. 安全期避孕　　　　B. 阴道隔膜避孕　　　　C. 口服短效避孕药

D. 避孕套避孕　　　　E. 避孕针

3. 关于女用短效口服避孕药的副反应,正确的说法是

A. 类早孕反应系孕激素刺激胃黏膜所致

B. 服药期间的阴道流血,多因漏服药引起

C. 不适用于经量多的妇女

D. 体重增加是孕激素引起水钠潴留所致

E. 服药后妇女额面部皮肤出现的色素沉着,是因药物变质所致

4. 服用避孕药期间,下列选项中某类妇女应加强观察和随访,该类妇女是

A. 生育年龄妇女　　　B. 心脏病患者　　　　　C. 子宫肌瘤患者

D. 慢性肝炎、肾炎患者　E. 高血压患者

5. 服用口服避孕药的妇女,应该停药的情况是

A. 阴道出现点滴样流血　B. 体重增加　　　　　C. 出现闭经

D. 经量减少　　　　　E. 恶心呕吐

6. 采用阴茎套避孕的原理是

A. 阻止精子进入阴道　B. 改变宫腔内环境　　C. 抑制排卵

D. 杀死精子　　　　　E. 抑制受精卵着床

7. 宫内节育器的避孕原理是

A. 抑制排卵过程　　　B. 杀死精子　　　　　C. 抑制受精卵着床

D. 改变卵子的运行方向　E. 抑制性激素的分泌

8. 放置宫内节育器的禁忌证是

A. 经产妇　　　　　　　　　　　B. 经量过多者

C. 糖尿病使用胰岛素治疗者　　　D. 习惯性流产者

E. 心脏病患者

9. 放置宫内节育器(IUD)合适的时间

A. 月经前 3~7 天　　B. 月经干净后 3~7 天　　C. 排卵前

D. 排卵后　　　　　　　E. 月经周期任意时间

10. 宫内节育器首选

A. 金属单环　　　　B. 麻花环　　　　C. 带铜的"T"形环

D. 节育花　　　　E. 宫铜环

11. 在下列避孕方法中，**失败率**较高的是

A. 使用避孕套　　　　B. 使用阴道隔膜　　　　C. 利用安全期避孕

D. 放置宫内节育器　　　　E. 按期口服避孕药

12. 实施输卵管结扎术的最佳时间是

A. 月经来潮之前 3~7 日　　B. 月经来潮后 3~7 日　　C. 月经干净后 3~7 日

D. 人工流产术后 3~7 日　　E. 正常分娩后 3~7 日

13. 正常分娩的产妇，进行输卵管结扎的最佳时间是在

A. 产后 24 小时内　　　　B. 产后 48 小时内　　　　C. 产后 3 日

D. 产后 7 日　　　　E. 产后 42 日

14. 下列**不属于**节育措施的是

A. 宫内放置节育器　　　　B. 口服探亲避孕药　　　　C. 人工流产

D. 皮下埋植药物　　　　E. 输卵管结扎

15. 吸宫术适应的孕周是

A. 妊娠的任何时期　　　　B. 早孕时　　　　C. 妊娠 10 周以内

D. 妊娠 11 周以内　　　　E. 妊娠 >12 周

16. 关于人工流产术，正确的做法是

A. 妊娠 10 周以内行钳刮术

B. 妊娠 14 周以内行吸宫术

C. 子宫过软者，术前应肌注麦角新碱

D. 术后应检查吸出物中有无妊娠物，并注意数量是否与妊娠用相符

E. 吸宫过程出血多时，应及时增大负压迅速吸刮

17. 关于人工流产的并发症，**错误**的陈述是

A. 术后阴道流血延续 10 天以上，经用抗生素及宫缩剂治疗无效，应考虑吸宫不全

B. 子宫穿孔多发生于哺乳期妇女

C. 术中出血停止操作

D. 术中出现人工流产综合征时，可用阿托品治疗

E. 流产后感染多为子宫内膜炎

18. 妊娠 35 日中断妊娠，目前最常用的方法是

A. 负压吸宫术

B. 药物流产—RU485 和米索前列醇

C. 静脉滴注催产素

D. 乳酸依呋啶(利凡诺)羊膜腔内注射

E. 钳刮术

19. 人工流产综合征的发生原因主要是

A. 精神过度紧张　　　　B. 迷走神经反射　　　　C. 疼痛刺激

D. 吸宫时负压过大　　　　E. 手术操作过于粗暴

20. 急性病毒性肝炎妇女,最好的避孕方法是

A. 安全期避孕　　　　B. 使用避孕套　　　　C. 放置宫内节育器

D. 口服短效避孕药　　　E. 长效避孕针

A2 型题

1. 初产妇,26 岁,剖宫产术后 3 个月,母乳喂养。护士应该为产妇建议的适宜避孕方
法为

A. 避孕套　　　　　　B. 绝育手术　　　　　C. 安全期避孕

D. 宫内节育器　　　　E. 长效口服避孕药

2. 某女,28 岁行吸宫术。护士对其进行健康教育。下列说法正确的是

A. 阴道灌洗每天 2 次　　　　　B. 2 周内禁止性生活

C. 卧床休息 4 周　　　　　　　D. 1 周内禁止盆浴

E. 有腹痛或出血多者,应随时就诊

3. 病人,女性,28 岁,行吸宫术。术后 12 天仍有较多量阴道流血,首先应考虑的是

A. 子宫穿孔　　　　　B. 子宫复旧不良　　　　C. 吸宫不全

D. 子宫内膜炎　　　　E. 子宫肌炎

4. 患者,女性,28 岁,因侵蚀性葡萄胎入院。该患者出院随访期间宜采用的避孕方式是

A. 避孕套　　　　　　B. 口服短效避孕药　　　　C. 禁止性生活

D. 注射长效避孕针　　E. 放置宫内节育器

（田小琼　万盈璐）

妇产科常用护理技术

一、会阴擦洗

【学习目标】

1. 掌握会阴擦洗的目的和操作方法。
2. 培养与护理对象的良好沟通能力。

【护理评估】

1. 病人的一般情况及合作程度、心理状况及需求。
2. 病人的会阴局部伤口有无红肿渗液。

【护理措施】

1. 目的
(1)减少会阴分泌物,保持病人会阴及肛门部清洁。
(2)促进手术后和产后伤口的愈合,增进病人舒适。
(3)防止生殖系统、泌尿系统的逆行感染。
2. 操作步骤及评分标准

	操作步骤	操作要点	标准分
1	操作前准备(5分)		
	(1)环境准备:关好门窗,室温调至24～26℃,屏风遮挡。	注意保护病人隐私。	1
	(2)用物准备:会阴擦洗盘(盘内盛消毒弯盘、无菌治疗碗、无菌镊子2把、浸有0.5%碘伏或1:5000高锰酸钾溶液棉球、无菌纱布2块、无菌干棉球、橡胶单和治疗巾或一次性会阴垫、手套),屏风。		2
	(3)护士准备:衣帽整洁、戴口罩,洗手及修剪指甲。	遵守医院感染控制要求。	1
	(4)病人准备:积极配合,排空膀胱。		1

续表

	操作步骤	操作要点	标准分
2	操作过程(95 分)		
	(1)操作者携屏风到床边核对病人床号、姓名,解释会阴擦洗的目的和方法。嘱病人排空膀胱。	取得病人的理解和配合。	5
	(2)洗手戴口罩后携用物到病人床边,再次核对产妇姓名。	关闭门窗,挡屏风,保护病人的隐私。	5
	(3)操作者站在病人右侧,协助病人脱去一侧裤腿,双腿呈屈膝仰卧位,充分暴露会阴部。	注意保暖。	5
	(4)操作者戴手套,将一次性治疗巾垫在病人臀下,将弯盘和盛有消毒棉球的无菌治疗碗放在其的两腿之间。	一人一垫,避免交叉感染。	5
	(5)共擦洗三遍:第一遍两手各持一把镊子,其中一把用于夹取无菌消毒棉球,另一把接过棉球进行擦洗(阴阜→大腿内侧上 1/3→大阴唇→小阴唇→会阴→肛周),擦净外阴血迹、分泌物。	(1)其顺序是自上而下,由外向内。 (2)注意无菌操作。	20
	(6)第二、三遍:由内向外(小阴唇→大阴唇→阴阜→大腿内侧上 1/3→会阴→肛周),或以伤口为中心逐渐向外擦洗,最后擦洗肛门和肛周。询问病人感觉,观察其反应。	(1)可视情况增加擦洗次数,最后用干棉球自上而下擦干会阴。 (2)注意防止伤口、尿道口、阴道口被污染。	30
	(7)如果需要进行会阴冲洗,应另备冲洗壶和便盆。冲洗时用无菌纱布堵住阴道口,以防污水进入阴道,引起逆行感染。	冲洗顺序同擦洗。	10
	(8)擦洗完毕,移去弯盘及一次性治疗巾,为病人换上消毒卫生巾,协助其穿衣。		5
	(9)清理用物,分类处理,洗手,完成护理记录。	(1)分类处理,传染性敷料应焚烧。 (2)七步洗手,记录。	10

综合评分:
1. 用物准备:缺一项或不符合要求扣 1 分。
2. 仪表:要求衣帽、鞋、头发整洁并符合要求,戴口罩,指甲长短适宜,不符合标准扣 2 分。
3. 服务态度:操作中应注意保护产妇隐私,不符合要求扣 5 分。
4. 操作程序缺项或不符合要求按各项实际分值扣分。
5. 操作程序颠倒一处扣 1 分。
6. 违反操作原则的扣 5 分。
7. 严重违反操作原则的扣 10 分。

【健康教育和注意事项】

1. 注意保暖,避免暴露病人。

2. 擦洗时应注意观察会阴及会阴伤口周围情况,有无红肿、分泌物及伤口愈合情况,发现异常及时记录并向医师汇报。

3. 护理人员每完成一次擦洗后均应清洁双手,然后再护理下一位病人,并注意将感染者安排在最后擦洗,以免交叉感染。

4. 擦洗完毕,为病人换上消毒卫生巾,并整理好床单元。

【实训评价】

1. 病人无明显疼痛及其他不适,能积极配合。

2. 学生能正确有效地完成会阴擦洗的各项程序。

二、阴道灌洗

【学习目标】

1. 掌握阴道灌洗的目的及护理要点。

2. 培养与护理对象的良好沟通能力。

【护理评估】

1. 病人的病情及治疗情况(有无阴道流血)。

2. 病人心理状态及合作程度。

【护理措施】

1. 目的

(1)改善阴道血液循环,减少阴道内分泌物。

(2)减轻局部组织充血,有利于炎症的消退。

2. 操作步骤及评分标准

	操作步骤	操作要点	标准分
1	操作前准备(5分)		
	(1)环境准备:关好门窗,室温调至24~26℃,屏风遮挡。	注意保护病人隐私。	1
	(2)用物准备:消毒灌洗筒1个,橡皮管1根,灌洗头1个,弯盘1只,一次性垫巾1张,便盆1个,手套1双,阴道窥器1个,卵圆钳1只,消毒纱布,41~43℃的1:5000高锰酸钾溶液500~1000ml。	检查冲洗头开关。	2
	(3)护士准备:衣帽整洁、戴口罩,洗手及修剪指甲。	遵守医院感染控制要求。	1
	(4)病人准备:排空膀胱,取膀胱截石位。		1

续表

	操作步骤	操作要点	标准分
	操作过程(95分)		
2	(1)核对信息(手腕带、床尾卡),向病人解释操作的目的、方法及配合技巧。	取得病人的理解和配合。	10
	(2)将灌洗筒挂在高于床沿60~70cm处,装入温度为41~43℃的1∶5000高锰酸钾溶液500~1000ml,排好空气。		10
	(3)协助病人取膀胱截石位,充分暴露会阴,穿上单裤腿。	注意保暖,保护病人的隐私。	5
	(4)将一次性垫巾垫于病人臀下,放好便盆。		5
	(5)戴手套,右手持灌洗头,用小量冲洗液冲洗外阴→关闭冲洗头开关→左手分开小阴唇→右手持灌洗头,将灌洗头缓缓插入阴道达穹隆部,边冲洗边上下左右移动灌洗头或用阴道窥器暴露宫颈后再灌洗,灌洗时转动窥阴器→灌洗液剩下100ml时,关闭冲洗头开关,退出灌洗头→再次冲洗外阴部。	操作中询问病人感觉,观察患者反应。	40
	(6)扶病人取半卧位,排除生殖道残留灌洗液后躺下,撤离便盆,再用干纱布擦干外阴部,脱手套。		10
	(7)取下单腿裤,协助病人整理衣物和床单位,护送其回病房。		5
	(8)清理用物,分类处理,洗手,完成护理记录。	(1)用物按消毒技术规范要求处理,垃圾分类处理,传染性敷料应焚烧。(2)七步洗手,记录。	10

综合评分:

1. 用物准备:缺一项或不符合要求扣1分。

2. 仪表:要求衣帽、鞋、头发整洁并符合要求,戴口罩,指甲长短适宜,不符合标准扣2分。

3. 服务态度:操作中应注意保护产妇隐私,不符合要求扣5分。

4. 操作程序缺项或不符合要求按各项实际分值扣分。

5. 操作程序颠倒一处扣1分。

6. 违反操作原则的扣5分。

7. 严重违反操作原则的扣10分。

【健康教育和注意事项】

1. 灌洗筒距床面不得超过70cm,以免压力过大,水流过速,使液体或污物进入子宫腔,或消毒液与局部作用时间过短。

2. 灌洗液温度以 41~43℃ 为宜。温度过高可能烫伤阴道黏膜。温度过低可引起病人不适。

3. 灌洗头不能插入过深,灌洗过程中动作轻柔,以免损伤阴道壁或宫颈组织。

4. 月经期、阴道流血、产后、人工流产以及宫颈癌患者、有活动性出血者不宜行阴道灌洗,常规可行外阴擦洗或冲洗。

【实训评价】

1. 病人能理解并配合。
2. 学生操作熟练且具有很好的技巧性。

三、会阴湿热敷

【学习目标】

1. 掌握会阴湿热敷的操作目的及操作程序。
2. 培养与护理对象的良好沟通能力。

【护理评估】

1. 病人的一般情况及合作程度。
2. 病人会阴局部状况及心理状况。

【护理措施】

1. 目的

(1)改善局部血液循环,增强白细胞的吞噬功能。

(2)有利于局部脓肿的局限和吸收、促进局部组织的生长和修复。

(3)常用于会阴水肿、血肿、伤口硬结及早期感染等病人。

2. 操作步骤及评分标准

	操作步骤	操作要点	标准分
1	操作前准备(5分)		
	(1)环境准备:关好门窗,室温调至 24~26℃,屏风遮挡。	注意保护病人隐私。	1
	(2)用物准备:治疗车、治疗盘、消毒弯盘 2 个、无菌治疗碗、无菌镊 2 把、无菌纱布若干块、无菌干棉球若干、常用溶液 50% 硫酸镁、橡胶单和治疗巾或一次性会阴垫、洗手液。		2
	(3)护士准备:衣帽整洁、戴口罩,洗手及修剪指甲。	遵守医院感染控制要求。	1
	(4)病人准备:排空膀胱,取膀胱截石位。		1

续表

	操作步骤	操作要点	标准分
2	操作过程(95分)		
	(1)核对信息(手腕带、床尾卡),向病人解释操作的目的、方法及配合技巧。	取得病人的理解和配合。	5
	(2)用屏风遮挡病人,保护其隐私。		5
	(3)协助病人脱下一条裤腿,取屈膝卧位,双腿屈曲向外分开充分暴露会阴。	注意保暖。	5
	(4)将橡胶单和治疗巾或一次性会阴垫垫于病人臀下,将弯盘和盛有消毒棉球的无菌治疗碗放在病人的两腿之间。	一人一垫,避免交叉感染。	5
	(5)两手各持一把镊子,其中一把用于夹取无菌消毒棉球,另一把接过棉球进行擦洗。	注意无菌操作。	10
	(6)第一遍:自上而下,由外向内(阴阜→大腿内侧上1/3→大阴唇→小阴唇→会阴→肛周),擦净会阴部血迹、分泌物等。		10
	(7)第二、三遍:由内向外(小阴唇→大阴唇→阴阜→大腿内侧上1/3→会阴→肛周),或以伤口为中心逐渐向外擦洗,最后擦洗肛门和肛周。用纱布擦干会阴部,顺序同第二遍。	注意防止伤口、尿道口、阴道口被污染。	20
	(8)在伤口周边涂一层凡士林,盖上单层纱布,将热溶液(41~48℃)倒入消毒弯盘内,浸透纱布,再用摄子拧至不滴水,将纱布放于病变部位,同时询问病人温度是否过热,加盖棉垫以保温。操作中询问病人感觉,观察其反应。	每3~5分钟更换热敷垫一次,亦可将热水袋放在棉垫外,延长更换热敷料的时间。时间:15~30分钟,每日2~3次。	20
	(9)更换一次性会阴垫,协助病人穿好衣裤,整理床单位和用物。		5
	(10)清理用物,分类处理,洗手,完成护理记录。	(1)用物按消毒技术规范要求处理,垃圾分类处理,传染性敷料应焚烧。(2)七步洗手,记录。	10

综合评分:

1. 用物准备:缺一项或不符合要求扣1分。

2. 仪表:要求衣帽、鞋、头发整洁并符合要求,戴口罩,指甲长短适宜,不符合标准扣2分。

3. 服务态度:操作中应注意保护产妇隐私,不符合要求扣5分。

4. 操作程序缺项或不符合要求按各项实际分值扣分。

5. 操作程序颠倒一处扣1分。

6. 违反操作原则的扣5分。

7. 严重违反操作原则的扣10分。

【健康教育和注意事项】

1. 每次热敷面积为病灶范围的 2 倍。

2. 湿热敷温度一般为 41～48℃。注意防止烫伤,对休克、虚脱、昏迷及术后感觉不灵敏者尤应警惕。

3. 在热敷过程中,护士应随时评价热敷效果,并提供病人一切生活护理。

【实训评价】

1. 病人能有效配合。

2. 学生能正确有效掌握湿热敷的操作技巧。

四、阴道及宫颈上药

【学习目标】

1. 掌握阴道及宫颈上药的操作目的及操作程序。

2. 掌握各种剂型药物的上药方法和护理要点。

3. 培养与护理对象的良好沟通能力。

【护理评估】

1. 病人的病情及一般情况。

2. 病人的治疗及护理状况。

【护理措施】

1. **目的**　用以治疗各种阴道炎、宫颈炎和术后阴道残端炎症的治疗。

2. **操作步骤及评分标准**

操作步骤	操作要点	标准分
操作前准备(5 分)		
1　(1)环境准备:关好门窗,室温调至 24～26℃,屏风遮挡。	注意保护病人隐私。	1
(2)用物准备:阴道窥器 1 个,长镊子 1 把,消毒干棉球若干,药品,一次性治疗巾,一次性手套 1 双,消毒长棉签,带尾消毒棉球、喷雾器等。		2
(3)护士准备:衣帽整洁、戴口罩,洗手及修剪指甲。	遵守医院感染控制要求。	1
(4)病人准备:排空膀胱,取膀胱截石位。		1
操作过程(95 分)		
2　(1)核对信息,向病人解释操作的目的、方法及配合技巧。用屏风遮挡,保护病人隐私。	取得病人的理解和配合。	10

续表

	操作步骤	操作要点	标准分
2	(2)协助病人脱下一条裤腿,取膀胱截石位,充分暴露会阴部,臀下垫一次性治疗巾,穿上单裤腿。	(1)一人一垫,避免交叉感染。 (2)注意保暖。	10
	(3)戴手套,放置阴道窥器→用消毒干棉球擦拭宫颈、阴道内,去除分泌物→固定阴道窥器→再次用消毒干棉球擦拭宫颈及穹隆。	注意无菌操作。	20
	(4)阴道及宫颈上药: ①涂抹法:转动阴道窥器,用长棉签蘸粉状药品涂在阴道壁及宫颈上。 ②喷雾法:用喷雾器将药物均匀地喷在炎症组织的表面。 ③阴道后穹隆塞药:凡栓剂、片剂、丸剂可用卵圆钳直接将药物置于阴道后穹隆部。 ④宫颈棉球上药:将带尾线的大棉球蘸上药液和药粉→用卵圆钳将棉球置于子宫颈处→棉球尾线留于阴道外,并用胶布将尾线固定于阴阜侧上方,嘱病人12~24小时后自行牵引尾线将棉球取出。	操作中询问病人感觉,观察病人反应。	30
	(5)取出阴道窥器。	(1)注意动作轻柔。 (2)避免将药物或带尾棉球脱出。	10
	(6)去除一次性治疗巾,脱手套,脱下单裤腿,协助病人穿好衣裤,整理床单位和用物。做好健康指导。		5
	(7)清理用物,分类处理,洗手,完成护理记录。	(1)用物按消毒技术规范要求处理,垃圾分类处理,传染性敷料应焚烧。 (2)七步洗手,记录。	10

综合评分:
1. 用物准备:缺一项或不符合要求扣1分。
2. 仪表:要求衣帽、鞋、头发整洁并符合要求,戴口罩,指甲长短适宜,不符合标准扣2分。
3. 服务态度:操作中应注意保护产妇隐私,不符合要求扣5分。
4. 操作程序缺项或不符合要求按各项实际分值扣分。
5. 操作程序颠倒一处扣1分。
6. 违反操作原则的扣5分。
7. 严重违反操作原则的扣10分。

【健康教育和注意事项】

1. 月经期、有阴道流血时不宜阴道给药。
2. 阴道上药后禁止性生活。
3. 宫颈棉球上药者,切记嘱病人按时取出阴道内棉球。
4. 阴道栓剂最好晚上或休息时上药,以免活动时脱出,影响治疗效果。
5. 未婚妇女用药,不要使用窥阴器,可用长棉签涂擦。
6. 应用腐蚀性药物时只涂宫颈病灶局部,不得涂于病灶以外的正常组织。

【实训评价】

1. 病人能有效配合。
2. 学生能熟练掌握各种剂型药物的上药方法及操作技巧。

五、坐 浴

【学习目标】

1. 掌握坐浴溶液的配制及坐浴方法的指导。
2. 培养与护理对象的良好沟通能力。

【护理评估】

1. 病人的病情、意识及阴道分泌物情况。
2. 病人的心理状态及合作程度。

【护理措施】

1. 目的
（1）借助水温与药液的作用,促进局部组织血液循环,减轻外阴局部炎症及疼痛,并达到清洁的作用。
（2）用于治疗外阴炎、阴道炎和外阴、阴道手术前的准备。

2. 操作步骤及评分标准

操作步骤	操作要点	标准分
操作前准备(5分)		
(1)环境准备:关好门窗,室温调至24~26℃,屏风遮挡。	注意保护病人隐私。	1
(2)用物准备:坐浴盆1个;41~43℃的1:5000高锰酸钾溶液2000ml;30cm高的坐浴架1个;无菌纱布1块。	水温适宜。	2
(3)护士准备:衣帽整洁,洗手及修剪指甲。	遵守医院感染控制要求。	1
(4)病人准备:排空膀胱,取膀胱截石位。		1

续表

	操作步骤	操作要点	标准分
2	操作过程(95 分)		
	(1)核对病人信息无误,向其解释目的、注意事项及配合技巧,用屏风遮挡,保护病人隐私。	取得病人的理解和配合。	10
	(2)坐浴盆置于坐浴架上。	(1)注意水温适宜。 (2)坐浴盆放置稳当。	10
	(3)病人排空膀胱后退下裤子,协助病人取下蹲位。	注意保暖。	20
	(4)指导病人将全臀和外阴部浸泡于溶液中。	(1)坐浴时间:15 ~ 20 分钟。 (2)询问病人感觉,观察其反应。	20
	(5)坐浴结束时用无菌纱布擦干臀部及会阴部。	注意动作轻柔。	20
	(6)协助病人穿好衣物。做好健康指导。		5
	(7)清理用物,分类处理,洗手,完成护理记录。	(1)用物按消毒技术规范要求处理,垃圾分类处理,传染性敷料应焚烧。 (2)七步洗手,记录。	10

综合评分:

1. 用物准备:缺一项或不符合要求扣 1 分。
2. 仪表:要求衣帽、鞋、头发整洁并符合要求,戴口罩,指甲长短适宜,不符合标准扣 2 分。
3. 服务态度:操作中应注意保护产妇隐私,不符合要求扣 5 分。
4. 操作程序缺项或不符合要求按各项实际分值扣分。
5. 操作程序颠倒一处扣 1 分。
6. 违反操作原则的扣 5 分。
7. 严重违反操作原则的扣 10 分。

【健康教育和注意事项】

1. 告知病人月经期、阴道流血、妊娠期及产后 7 天内的产妇禁止坐浴。
2. 正确配制坐浴液浓度,水温适中,避免烫伤及受凉。
3. 坐浴时间不宜超过 20 分钟。

【实训评价】

1. 病人体位舒适,能有效配合。
2. 学生能耐心教会病人坐浴方法,病人能自行操作。

练 习 题

A1 型题

1. 下列选项中,**不是**宫颈或阴道上药适应证的是

A. 滴虫性阴道炎   B. 阴道假丝酵母菌病

C. 子宫颈癌   D. 细菌性阴道病

E. 宫颈糜烂

2. 关于会阴擦洗的目的,**不包括**

A. 防止泌尿系统感染   B. 促进会阴部血液循环

C. 促进会阴部伤口愈合   D. 防止生殖系统感染

E. 保持会阴部清洁

3. 下列选项中,**不是**阴道灌洗禁忌证的是

A. 月经来潮前一周   B. 阴道流血   C. 月经期

D. 妊娠期   E. 产后 7 天内

4. 关于阴道灌洗的操作,**错误**的是

A. 备灌洗液 500 ~ 1000ml   B. 灌洗筒距床沿 60 ~ 70cm

C. 灌洗液温度 41 ~ 43℃   D. 冲洗液流尽后抽出冲洗头

E. 病人排空膀胱后,取膀胱截石位

5. 一次阴道灌洗需配制灌洗液

A. 100 ~ 300ml   B. 300 ~ 500ml   C. 500 ~ 1000ml

D. 1000 ~ 1500ml   E. 2000ml

6. 下列病人中,**不能**阴道灌洗的是

A. 全子宫切除的子宫肌瘤病人,术前准备

B. 阴道手术前准备

C. 宫颈糜烂病人

D. 老年性阴道炎病人

E. 宫颈癌病人有活动性出血

7. 有关会阴擦(冲)洗和冷、热敷,下述选项中**错误**的是

A. 会阴冷敷一般每次 50min

B. 热敷用于外阴水肿

C. 冷敷用于会阴早期小血肿

D. 会阴水肿也可用 95% 乙醇湿敷

E. 会阴擦(冲)洗有清洁会阴、预防感染作用

8. 常用的阴道灌洗液**不包括**

A. 1:5000 过氧乙酸   B. 1:5000 高锰酸钾

C. 1:2000 苯扎溴铵   D. 0.5% 的醋酸

E. 2% ~ 4% 碳酸氢钠

9. 会阴湿热敷最常用的药液是

A. 1%乳酸　　　　　　B. 75%乙醇　　　　　　C. 50%硫酸镁

D. 0.9%生理盐水　　　E. 4%碳酸氢钠

10. 会阴湿热敷药液的最佳温度是

A. 30～35℃　　　　　B. 35～40℃　　　　　C. 40～45℃

D. 41～48℃　　　　　E. 50～60℃

11. 有关会阴湿热敷错误的是

A. 常用于会阴水肿　　　　　　　　B. 热敷面积即病变范围

C. 湿热敷时间为20～30min　　　　D. 湿热敷纱布垫上再盖上棉垫

E. 湿热敷的温度一般为41～48℃

12. 坐浴的禁忌证不包括

A. 阴道出血　　　　　B. 产后7天内　　　　　C. 宫颈电烙术后1周

D. 妊娠期　　　　　　E. 宫颈息肉

13. 可做阴道灌洗的时间段是

A. 月经期　　　　　　B. 妊娠期　　　　　　C. 产后一周内

D. 排卵期　　　　　　E. 阴道流血期

14. 每次坐浴的时间一般为

A. 5～10分钟　　　　B. 10～15分钟　　　　C. 15～20分钟

D. 40分钟　　　　　　E. 60分钟

15. 关于会阴擦洗不正确的是

A. 棉球由外向内擦洗第1遍

B. 勿使擦洗液流入阴道

C. 取膀胱截石位暴露外阴

D. 如会阴有伤口,应以伤口为中心向外擦洗

E. 第1遍按阴唇、阴阜、大腿内侧、会阴、肛门的顺序擦洗

16. 关于宫颈或阴道上药不正确的是

A. 用药后应禁止性生活

B. 给未婚女性上药时,不用窥阴器

C. 病人可自行放置栓剂

D. 月经期应继续阴道上药治疗

E. 应用腐蚀性药物时,应注意保护正常组织

17. 阴道灌洗液的最佳温度是

A. 31～33℃　　　　　B. 34～36℃　　　　　C. 41～43℃

D. 44～46℃　　　　　E. 47～49℃

18. 阴道灌洗一次冲洗液量为

A. 300～400ml　　　　B. 500～900ml　　　　C. 1000～1100ml

D. 1100～1200ml　　　E. 1300～1500ml

19. 进行阴道灌洗时,灌洗桶距床面高度一般为

A. 40cm　　　　　　　B. 50cm　　　　　　　C. 70cm

D. 80cm　　　　　　　E. 90cm

20. 会阴局部进行热敷,每次敷的时间为

A. 3 ~ 5 分钟　　　　　B. 6 ~ 10 分钟　　　　　C. 15 分钟以内

D. 20 ~ 30 分钟　　　　E. >30 分钟

21. 会阴擦洗的护理要点**不包括**

A. 擦洗动作轻稳

B. 会阴擦洗每日 4 次,大便后及时擦洗

C. 每擦洗 1 个病人,护理人员清洁双手

D. 切口感染者安排在最后擦洗,防止交叉感染

E. 擦洗顺序规范

22. 会阴冲洗时**错误**的操作是

A. 护士协助病人取屈膝仰卧位,暴露外阴

B. 调节好冲洗液的温度

C. 冲洗时用无菌纱布堵住肛门,避免冲洗液流入肛门

D. 冲洗时用无菌纱布堵住阴道口,以免引起逆行感染

E. 操作完毕清理用物,脱手套,洗手

23. 会阴擦洗**不正确**的方法是

A. 第一遍自上而下,由外向内

B. 第二遍以切口为中心,由内向外,自上而下

C. 最后擦洗肛门及肛门周围

D. 1 个棉球可重复使用

E. 最后用干棉球或纱布擦干

24. 会阴擦洗首选的溶液为

A. 0.2%碘伏溶液　　　　　　　　B. 0.5%的过氧乙酸溶液

C. 0.5%醋酸溶液　　　　　　　　D. 2% ~ 4%碳酸氢钠溶液

E. 20%温无菌肥皂溶液

A2 型题

1. 林女士因患滴虫性阴道炎,准备用自助冲洗器灌洗阴道,护士应告知她醋酸冲洗液的浓度为

A. 0.2%　　　　　　　B. 0.5%　　　　　　　C. 1%

D. 1.5%　　　　　　　E. 2%

2. 李女士,产后 3 天,会阴水肿,医嘱行会阴热敷,以下选项中,**不是**其目的是

A. 可促进血液循环

B. 刺激局部组织的生长

C. 增加白细胞的吞噬作用和组织活力

D. 有助于脓肿扩散

E. 可加速创面修复

3. 张女士,患滴虫性阴道炎,护士为其行阴道、宫颈上药时的护理要点是

A. 灌洗桶不能挂得太高　　　　　　B. 调节好温度

C. 应用时注意防止烫伤　　　　　　D. 用药期间禁止性生活

E. 伤口感染者应最后护理

4. 王女士,产后第一天行会阴擦洗,以下选项中,**不是**其目的是

A. 清除会阴部的分泌物　　　　　B. 促进舒适和会阴切口愈合

C. 防止生殖、泌尿系统逆行感染　　D. 保持肛门部清洁

E. 改善阴道血液循环

5. 黄女士,因"外阴分泌物增多伴外阴不适"来院就诊,诊断为外阴阴道假丝酵母菌病,应为其选择的坐浴溶液是

A. 1∶5000 高锰酸钾　　　　　B. 2%~4%碳酸氢钠

C. 0.5%醋酸　　　　　　　　　D. 1%乳酸

E. 0.025%碘伏

（白　蓉　万盈璐）

附 录

练习题参考答案

实 训 一

A1 型题

1. C 2. E 3. C 4. D 5. D 6. D 7. B 8. C 9. C 10. B 11. A 12. B 13. A
14. C 15. B

A2 型题

1. B

实 训 二

A1 型题

1. D 2. A 3. B 4. C 5. D 6. B 7. C 8. A 9. C 10. D 11. C 12. C 13. A
14. C 15. C

A2 型题

1. A 2. C 3. A

A3 型题

1. B 2. D 3. A

实 训 三

A1 型题

1. A 2. B 3. B 4. A 5. C 6. D 7. C 8. B 9. A 10. A 11. C 12. C 13. C
14. D 15. C 16. C 17. A 18. D 19. C 20. A 21. C 22. D 23. C

A2 型题

1. A 2. B 3. B 4. C 5. D 6. A 7. C 8. B 9. B 10. C

A3 型题

1. B 2. A 3. D 4. C 5. C 6. E 7. D 8. D 9. A

实 训 四

A1 型题

1. E 2. B 3. D 4. D 5. A 6. C 7. A 8. B 9. E 10. A 11. A 12. C 13. A

14. E　15. D　16. B　17. A　18. D　19. C　20. E　21. A　22. D　23. C　24. A　25. D
26. A　27. D　28. B　29. A　30. A　31. C　32. D　33. B　34. E

A2 型题

1. C　2. C　3. D　4. C　5. C　6. D

A3 型题

1. D　2. E

实 训 五

A1 型题

1. E　2. D　3. C　4. E　5. C　6. D　7. B　8. D　9. A　10. E　11. C　12. B　13. B
14. E　15. C　16. B　17. E　18. A　19. D　20. E

A2 型题

1. A　2. D　3. E　4. C　5. C　6. C　7. E

A3 型题

1. D　2. A　3. A　4. D　5. D　6. B　7. C　8. A　9. C

实 训 六

A1 型题

1. C　2. D　3. D　4. B　5. E　6. E　7. B　8. C　9. C　10. D　11. D　12. A　13. A
14. C　15. E

实 训 七

A1 型题

1. E　2. E　3. D　4. E　5. B　6. C　7. D　8. C　9. A　10. C　11. B　12. D　13. D
14. E　15. A　16. C　17. D　18. B　19. B　20. A　21. D　22. C　23. C　24. C　25. D
26. E　27. E　28. B　29. E　30. A

A2 型题

1. E　2. A　3. C　4. C　5. B　6. A　7. D　8. D　9. A　10. B

实 训 八

A1 型题

1. B　2. A　3. C　4. C　5. A　6. E　7. C　8. C　9. E　10. D　11. B　12. B　13. A
14. B　15. C　16. B　17. C　18. D　19. E　20. C　21. E　22. E　23. A　24. E　25. D

A2 型题

1. D　2. B　3. D　4. B

A3 型题

1. D　2. C　3. B　4. A

实　训　九

A1 型题

1. B　2. D　3. C　4. C　5. A　6. A　7. C　8. A　9. D　10. C　11. B　12. D　13. C
14. B　15. C　16. D　17. A　18. C　19. D　20. A

A4 型题

1. B　2. E　3. C　4. D　5. A

实　训　十

A1 型题

1. B　2. C　3. B　4. D　5. A　6. D　7. D　8. D　9. B　10. C　11. B　12. C　13. B
14. C　15. A

A2 型题

1. B　2. C　3. C　4. D　5. D　6. D　7. B　8. A　9. A　10. D

A3 型题

1. A　2. C　3. D

实　训　十　一

A1 型题

1. E　2. A　3. B　4. A　5. B　6. E　7. D　8. E　9. E　10. C　11. C　12. B　13. A
14. D　15. B

A2 型题

1. E　2. A　3. D　4. D　5. E　6. C　7. C　8. B　9. A　10. C　11. C　12. A　13. D
14. C　15. C

实　训　十　二

A1 型题

1. D　2. C　3. D　4. A　5. C　6. E　7. C　8. D　9. A　10. D　11. D　12. C　13. D
14. A　15. E

A2 型题

1. D　2. D　3. D　4. D　5. A　6. C　7. D　8. B　9. B　10. B　11. E　12. C　13. A
14. C　15. B

实　训　十　三

A1 型题

1. B　2. C　3. B　4. C　5. C　6. A　7. C　8. B　9. B　10. C　11. C　12. C　13. A
14. C　15. C　16. D　17. C　18. B　19. B　20. B

A2 型题

1. A　2. E　3. C　4. A

实训十四

A1 型题

1. C 2. B 3. A 4. D 5. C 6. E 7. A 8. A 9. C 10. D 11. B 12. E 13. D 14. C 15. E 16. D 17. C 18. B 19. C 20. D 21. B 22. C 23. D 24. A

A2 型题

1. B 2. D 3. D 4. E 5. B